跨学科语文创意作业6

主　　编：何　捷
副 主 编：谢晓丽
执行主编：林代尉　刘　露
插画绘制：林　威

山东城市出版传媒集团·济南出版社

图书在版编目（CIP）数据

跨学科语文创意作业 . 6 / 何捷主编 . -- 济南 : 济南出版社 , 2022.8

ISBN 978-7-5488-5181-3

Ⅰ . ①跨… Ⅱ . ①何… Ⅲ . ①小学语文课 - 教学参考资料 Ⅳ . ① G624.203

中国版本图书馆 CIP 数据核字（2022）第 139720 号

跨学科语文创意作业 6 上册　　何 捷 主编

出 版 人： 田俊林
图书策划： 李圣红　董慧慧
责任编辑： 董慧慧　陶　静
特约校对： 郑晓燕
封面设计： 八　牛
插画绘制： 林　威
版式设计： 张　倩
内文排版： 卢新宇
出版发行： 济南出版社
地　　址： 济南市二环南路 1 号
邮　　编： 250002
印　　刷： 济南新先锋彩印有限公司
成品尺寸： 185mm × 260mm　16 开
印　　张： 15.5
字　　数： 222 千
版　　次： 2022 年 8 月第 1 版
印　　次： 2022 年 10 月第 1 次印刷
书　　号： ISBN 978-7-5488-5181-3
定　　价： 39.00 元（上下册）

序言

"双减"后的周末，"出去疯"还是"家里蹲"

2021年7月，国家出台文件，"双减"政策正式落地。2022年4月，《义务教育语文课程标准》颁布，提出"跨学科学习"任务群。

两件大事的发生，让我们不得不思考——

"双减"后的周末，作业如何设计？学生怎么做？是"出去疯"还是"家里蹲"？

答案非常明确——"出去疯"。

理由也很充分：首先，"出去疯"才有可能强身健体，而体力是人最核心的后盾；其次，"出去疯"，更重要的是感受自然，让大自然成为学生最亲近的老师；最后，出去疯还有一个重要意图，让学生融入社会，体验风物人情。

"跨学科学习"这一任务群，也会在这样的学习方式转变中，得以分期实施，逐步完成。

为此，我和团队的小伙伴为1-6年级的同学们，专门设计了这套书。伴随着这套作业，小学1-6年级的同学们，将度过童年美妙的"浪漫"时光。

这原本就是小学阶段应有的"浪漫"，也是人成长的"必经阶段"。

英国哲学家怀特海在他的《教育的目的》演讲中，早就为我们划定了12岁之前的"浪漫阶段"。如今，"双减"政策落地后，让社会、大自然成为一种全新的学校样态，让同学们从反复的机械式刷题和为考试而学的漩涡中解脱出来，让未来我们需要的接班人健康成长。

未来，国家建设更需要的是健康、健全、健美的人。如果长大后依然四肢无力、头脑发达，我们就难以更好地实现人生目标；如果长大后只能够解题，而不懂应用，我们也就难以承担重任；如果长大后非常冷漠、自私，不能体察人间冷暖，

我们就更难以与人合作，共创未来。

在基础教育阶段，“出去疯”吧，释放应有的生活空间，感受多姿多彩的世界，让自然成为神奇的教育力量，让我们在更多渠道获得成长。国家的未来，不能由巨婴、啃老族组成；国家的未来，需要孩子健康、野性、儒雅、强壮、理性。所以，请不要让“双减”后的周末，再对“刷题”恋恋不舍，让我们一起走出家门，走进自然，走向社会。

这里的“疯”，专指——让人着迷的实践活动。这里的“出去”利用的就是周末时间，带有两个含义：其一，尽可能在户外活动；其二，让父母与子女协同出行。“出去疯”成为我们设想中真正的“大语文”教育新生态。

我们为不同年级提供了相应的活动指南。在《跨学科语文创意作业》的设计系统中，周末的创意是分学段进行的：第一学段（1-2 年级）注重阅读与亲近自然；第二学段（3-4 年级）注重阅读与亲近科学；第三学段（5-6 年级）注重阅读与亲近艺术。

低年级，指向对自然的感受，让学生走进果园，走进山中，去到小溪边，来到沙地上，仰望星空，观望小鱼，凝视远山与白云，让自然调和与温润学生的童心，感受到生活的美好。

中年级，更期待向往科学，能够在一个个有趣的小实验中体会科学的奥秘，开启探索之旅，发现文明历程中一个又一个奇迹。这可能是当代小学生最缺乏的素养，也正是未来建设者与接班人最需要具备的素质。我们建议语文老师，更应该在科学素养的培植上具有国际视野，有格局、有情怀，让学科融合在中年级成为学习的主要方式。

高年级，学生长大了，变得沉默、稳重、深刻了。于是这个时候，我们推荐的是艺术修养，让学生更多感受音乐、舞蹈、绘画、民间艺术，以及各种不同的文明样态，让学生更多走进博物馆，走进音乐厅，走进艺术画廊……与人类最精致的表达形式相伴。

同时，三个学段都加强了“阅读”这一关键的作业，这不是“负担”，而是必须的“承担”。

本书中的每一篇，都按照“做中学”的结构设计。即先进入最具创意的“活动过程”，之后结合活动体验，进入“学习过程”，完成相关的作业。“活动过程”匹配上文所述的基本方向；学习过程则遵循《义务教育语文课程标准》对不同学段的学习目标而设计，同时参考布鲁姆的教育目标分类学中“认知层级分类”理论，对完成作业进行不同层级的设定。这样的设计理念，不让作业出现重复训练、徘徊在低级层面的状态。同时，学生在运用知识解决不同问题的过程中，各部分有整体性的贯通，有助于将新知识融入原有的认知体系。学习过程和活动过程紧密配合，学生在真实的情境中创造性地解决问题，在活动过程中不断调用元认知策略对学习进行调控，希望完成这样的作业系统后，更多学生可以达到“专家学习”的程度。

当然，“出去疯”很容易产生误解——难道周末就要疲于奔命？

不，“出去疯”要和“家里蹲”相融合。学生走出户外充分实践之后，我们也希望他们回到家能在父母的陪伴与引导下，静下心来，平稳情绪，沉着而执迷地将所见所闻、所思所想进行总结与梳理。让反思与沉淀成为学习的常态。

实践之后，我们设计了有趣的、适合不同年级的创意语文作业，让语文学科的听、说、读、写四大能力，与之前的活动体验相结合，让学生的语文学习水平得到真正的提升。这就是“跨学科语文创意作业设计”的基本内核。

美国学者杜威先生最早提出的“做中学”——在充分实践后，在沉迷的学习中，在切身体验里，进行自我反思与总结，进行适当的练习，将所有的知识与亲身感受，个人实践内化为个体的全新经验。这就是我们这套神奇的书在做的事。

“跨学科语文创意作业”为学生打通了一个新的学习路径，建设了一种能够自我提升的自由学习模式。相信这样的学习对学生是最为有益的，也是“双减”政策之后周末的全新作业样态全新的学习模式。

特别感谢全国“两基迎国检”工作先进个人——谢晓丽校长为此书付出的辛勤工作。感谢参与编写的团队伙伴们，按照参与的年级，我们逐一列出他们的名字。这些都是富有创意的老师哦：

一年级

文小荷、林威、戴亚真、林莹莹、魏淑华、蔡玉婷、林瑜婷、李文静、陈佳明、姜明明、林铮、黄美琴。

二年级

黄倩平、张晓洁、刘昕、邱玉萍、陈妙娟、宋妍霖、李扬、李萌、陈冠妃、黄紫璇、林海榕、吴婷、董欣。

三年级

殷霞、吴振芬、池少凡、程燕芳、王棽、司琪格、张萧洋、刘倩倩、张海燕、何静。

四年级

吴瑕、邱雨林、蒲乐洋、颜琳、游伟、张海燕、吴郑亚、陈学蓉、郑子豪、李煌。

五年级

黄莺、陈粮宜、邱雨林、陈焱、潘倩、李明霞、曾雅麟、陈雪芹、颜琳、吴梁红、黄颖俐、陈玲玲、贾俊娇。

六年级

林代尉、刘露、李洪昌、胡凯利、郑子豪、陈炜琦、阮艺蓉、付吓梅、袁艺方、陈欣、林慧、何桂云、李琳琳、黄莺。

好啦。但愿这套《跨学科语文创意作业》能伴随着同学们度过特别有意义的周末，带来语文学习与众不同的快乐。

何　捷

目录

目录

探秘“风筝”

你一定放过风筝吧？风筝作为中国传统工艺品，已有两千多年的历史，它因何得名？它有何寓意？让我们来一次关于风筝的探秘寻源之旅吧！

活动过程

活动项目：了解风筝

活动场所：书店、空旷的室外、家中

活动时长：30 分钟

活动流程：

查找并了解风筝的起源、制作工艺等。

在自己的风筝上画一画、写一写，表达自己的心愿。

和家人或者小伙伴一起去室外放风筝，放飞自己的美好心愿。

学习过程

学习目标：

1. 能对风筝产生兴趣，了解风筝的起源、发展历史、工艺、寓意等，欣赏风筝的美。

2. 能利用多种信息渠道获取资料，体会风筝文化。

学习项目：

【项目作业一】阅读与鉴赏

材料：

风　筝

［唐］高骈

夜静弦声响碧空，宫商信任往来风。
依稀似曲才堪听，又被移将别调中。

图 1

诗意解读：

诗中描绘的是，在傍晚时分，一群孩童把哨笛绑在风筝上放到天空中，经风一吹，笛声悠悠，引发诗人无限遐想。

创作背景：

公元 876 年，高骈大渡河大破南诏，擒杀南诏国酋长等数十人，战后修筑成都府罗城（大玄城），以加强防御，防止南诏再度入侵。唐僖宗到了蜀中，看到罗城坚固的防守，念及高骈的先见，屡次对他进行表彰。朝廷虽然对高骈恩赏，但也怀疑他有长期割据的意思。当时，高骈已经感觉到朝廷的猜疑，于是作《风筝》诗寄意。

1. 比较分析：从画面、人物形象等角度欣赏图 1 的绘画作品，猜一猜画家想表达什么，请你写出来。

____

____

2. 创意运用：风筝为什么叫“风筝”？结合材料列出你的观点。

____

____

3. 评价鉴赏：结合古诗的创作背景，说说诗句融入了诗人怎样的情感。

____

____

★阅读推荐★

绘本：《放风筝》（保冬妮 / 文　曹艳红 / 图）

视频：厦门国际风筝艺术节

【项目作业二】表达与交流

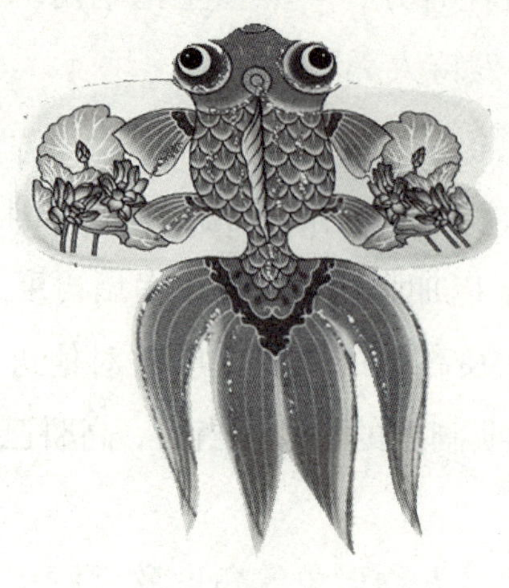

图 2

1. 传统的中国风筝上到处可见吉祥的图案，这些寓意吉祥的图案反映了人们对美好生活的向往和追求。仔细地观察图 2，和父母交流：图中的风筝图案有怎样的寓意？并将交流结果写出来。

____

____

2. 如果要把“风筝”这个中国传统工艺品介绍给好朋友，你最想介绍哪个方面？（来历、种类、制作工艺、寓意、放飞技巧……）请你查阅资料，选择其中一个方面写清楚风筝的特点，试着用上恰当的说明方法。（100 字左右）

____

____

____

____

【项目作业三】梳理与探究

1. “儿童散学归来早，忙趁东风放纸鸢。”清代高鼎的这首诗我们早就学过，那么你知道“纸鸢”这一说法是什么时候才有的吗？说说你的猜测，并查阅资料证实。

我的猜测：______

我查的资料：______

______

______

2. 传统工艺品经过一代又一代的传承，越来越富有生命力。把风筝和传统花灯结合起来，就有了花灯风筝，也叫夜光风筝；把风筝和年画结合起来，就是年画风筝。如果你是风筝传承人，你又会怎样创新呢？

______

______

______

______

知识补给站

南北朝时，风筝开始成为传递信息的工具。到了宋代，放风筝成为人们喜爱的户外活动。宋代周密在《武林旧事》写道：“清明时节，人们到郊外放风鸢，日暮方归。”这里的“风鸢”指的就是风筝。北宋张择端的《清明上河图》和宋代苏汉臣的《百子图卷》里都有放风筝的生动景象。

大器“玩”成

积木、遥控车、泡泡机……同学们，你们的童年里是不是有各式各样的有趣的玩具呢？你有没有想过，在没有手机和电脑的古代，孩子们都在玩什么呢？跟着我们，从古籍古画中一探究竟吧。

活动过程

活动项目：认识传统玩具，学习制作竹蜻蜓

活动场所：家中、户外

活动时长：30 分钟

活动材料：细长的小竹棍、中间穿孔的薄竹片

活动流程：

了解古代儿童玩具的历史以及各种玩具的玩法。

把准备好的竹棍和带孔的竹片拼接起来，制作成竹蜻蜓。

跟朋友一起旋转竹蜻蜓，比一比谁的竹蜻蜓飞得高，交流各自的收获。

学习过程

学习目标：

1. 能对艺术产生兴趣，感受传统玩具的乐趣。
2. 能通过多种渠道搜集资料，培养发散思维，提高实践能力。

学习项目：

【项目作业一】阅读与鉴赏

材料一：

滚铁环，顾名思义，就是用铁钩子带动铁环，让铁环滚起来。它是 20 世纪六七十年代特别流行的游戏。

但是，要想做好这么经典的玩具可没那么容易。我们得先取一段长一米多、跟棍一样粗的铁棍，把铁棍围成一个圆，在开口处用特殊胶水粘住。再拿一根铁棍，一端弯成一个小钩子，和我们平常衣架上的钩子差不多，另一端套入一根细竹筒，用胶带固定在铁棍上作为手柄。一套由铁圈和铁钩组成的滚铁环玩具就做好了。

你可别认为滚铁环很容易，就是拿根棍子推着铁环跑。滚铁环可是有一些技巧的，得先让铁环滚起来，使它保持平衡，这时我们再追上去随着铁环慢跑，用小棍带动铁环。千万不能心急，要不然它没跑几米就保持不住平衡，歪倒在地上了。

材料二：

图1　汉代墓中的壁画局部

图2　鸠车局部

古籍中关于鸠车的描述：

①晋《幽求子》中记：年五岁有鸠车之乐，七岁有竹马之欢。

②晋《博物志》中称：小儿五岁曰鸠车之戏，七岁曰竹马之戏。

1. 获取信息：阅读材料一，简单概括“滚铁环”这个游戏的难度。（至少两点）

____

____

2. 评价鉴赏：欣赏材料二中的两幅图片，猜测一下古代的孩子是怎么玩鸠车的。

____

____

3. 创意运用：鸠车经过一代人的改进变成了现代玩具，请你在鸠车的基础上进行改进，画出你心目中的玩具。

★阅读推荐★

书籍：《童玩时间》（吴浩然 / 编）

【项目作业二】表达与交流

1. 有人说：古代儿童的游戏过时了，且古代玩具制作麻烦，不如现代玩具制作起来省时省力。对此，你怎么看？请你查找资料，与朋友交流你的想法。

____

____

2. 采访一下爷爷奶奶或家里的其他长辈，问问他们小时候都玩些什么玩具，再问问他们这些玩具是用什么做成的、怎么玩的。完成以下表格。

名称	材质	玩法

【项目作业三】梳理与探究

1. 传统玩具既要继承传统文化的内涵和智慧，又要与时俱进，加入高科技或现代化元素。请你查找资料，并思考哪些传统玩具可以进行创新，试着举两个例子。

2. 选一个你感兴趣的童玩，观看制作视频，记录制作步骤和方法，准备材料，尝试自己动手制作。

知识补给站

1. 右图为苏汉臣的《秋庭戏婴图》局部，图上两个小孩在玩“推枣磨”的游戏。他们将一枚鲜枣削去半边，露出枣核，用三根小木棍插在枣上，作三足立于桌上，枣核朝上；另用一根细竹篾，两端各插一枚小枣，再将竹篾小心翼翼地搁在枣核上，轻轻一推，便会旋转不已。

2. 古籍中对童玩的介绍。

（1）东汉郑玄《周礼注》：拨浪鼓“持其柄摇之，旁耳还击”。

（2）宋末《武林旧事》：若夫儿戏之物，名件甚多，尤不可悉数，如相银杏、猜糖、吹叫儿、打娇惜、千千车、轮盘儿。

（3）清《帝京岁时纪胜》：京师以黄沙土作白玉兔。

“小人书”的世界

要说起咱们爸爸妈妈的童年，那绝对少不了连环画的身影！活灵活现的人物形象，扣人心弦的故事内容，引得人一册接一册地看。连环画盛行于20世纪30年代，深受广大读者青睐。这一本本“小人书”中，究竟藏着哪些有趣的人物和故事呢？让我们一起去探寻一二吧！

活动过程

活动项目：认识连环画

活动场所：图书馆（视安全以及当地情况而定）、家中

活动时长：30分钟

活动流程：

翻阅几本连环画，比对、总结连环画都由哪些部分组成。

细读其中一本连环画，思考人物神态、动作方面的特点，并与家人、朋友们交流。

与家人、朋友合作表演 4 ~ 8 格图画上的内容，讨论演后感。

学习过程

学习目标：

1. 能对艺术产生兴趣，欣赏连环画中人物、故事的美。
2. 能通过所读的内容去联想，初步了解连环画背后的深层意蕴。

学习项目：

【项目作业一】阅读与鉴赏

材料一：

连环画是文字和图画结合的艺术。每一幅画及配套文字都是整套连环画的组成部分，把它们连起来才构成了完整的连环画。连环画以刻画人物见长，因此又被称作“人物画”。一套成功的连环画作品必然塑造了各种丰富多彩的人物形象。连环画故事离不开人物的活动，要充分表达故事情节和主题寓意，必须着重刻画人物的思想和性格。具有典型意义的人物，对读者最有吸引力；而某些造型一般、表现雷同的人物，则不会在读者心目中留下深刻的印象。

连环画的人物造型，一般不是在单幅画中的造型。连环画要表现一个完整的故事，因此，人物要和谐、风格统一地出现在整个故事中。这些人物要反复出现并贯穿始终，不仅人物的形象要前后统一，而且人物的思想、性格也要随着故事的发展而发展，最后人物造型通过全图来完成。一个成功的“连环画人物”能突破时空限制，成为深入人心的形象，就像《三毛流浪记》中的“三毛”。要想将人物性格刻画得鲜活，画师往往需要经历一番构思，仔细思考人物的眼神、动作甚至是一个小小的手势。因此，人物的线条、色彩、外貌、神态等都包含着画师的情感。

材料二：

14 黄继光拿着参战决心书和母亲的来信，找到了参谋长，要求除掉火力点。

15 参谋长考虑之后就批准了他，并且命令他为爆破组长，带两个战士执行爆破任务。临走时黄继光说：“让祖国听我的胜利消息吧！”

16 黄继光和两个战士往那稠密的火力网前进，子弹像雨点儿一样从他们头上射过。

17 离敌人只有三四十米的时候，两个战士便先后被敌人的子弹打倒了。

18 黄继光正在前进时，一颗子弹打中了他的右肩。

19 黄继光忍住疼痛，继续朝火力点爬进，他知道爆破任务只有他自己去完成了。

20 在离敌人八九米远的地方，黄继光举起手雷向敌人火力点扔去。

21 手雷还没出手，黄继光又被敌人的子弹射中，他昏迷过去了。

22 夜风夹着冷雨吹打在他的身上，黄继光渐渐地清醒过来。

23 他用尽了最大的力气，挥起负伤的右臂，将手雷投向敌人的火力点。

《黄继光》节选（张树德、刘端／编绘）

1. 分析区别：请你结合材料一，归纳出材料二的《黄继光》是连环画作品的依据。

____

____

2. 分析组织：阅读材料二后，创造性复述《黄继光》的故事。

3. 评价评论：结合材料一和材料二，试着分析《黄继光》中主人公塑造成功的原因。

____

____

4. 创造生成：材料二呈现的故事还没结束，黄继光把手雷扔向了敌人的火力点后，接下来还会发生什么事？请你试着预测之后的故事，将它画下来并配上简短的文字。

★阅读推荐★

连环画：《西游记》（吴承恩 / 著　李春明 / 绘）

《三国演义》（罗贯中 / 著　李春明 / 绘）

【项目作业二】表达与交流

1. 和爸爸妈妈聊天，了解一下他们儿时有连环画陪伴的时光吧！请你事先拟一份有关连环画的采访问题单。采访结束后，将自己从父母处得到的信息，用简洁的语言写在结果方框中。

提问对象	问题清单

结果

2. 连环画曾红极一时，它用故事编织孩子成长的梦想，带给了他们无限的欢乐和遐想，还影响了他们价值观的形成。和朋友们一起翻阅一下当时热门的红色连环画，讨论为什么它们如此流行。

《三毛流浪记》讲述了一位流浪儿童三毛在旧上海受到种种不公平对待的流浪遭遇，揭示了旧社会的冷酷、不公平、残忍、丑陋。

《小兵张嘎》讲述了抗日战争时期，生活在白洋淀的男孩张嘎为替奶奶报仇和解救老钟叔，配合八路军与日军斗智斗勇的故事。

____

____

【项目作业三】梳理与探究

1. 一个成功的封面往往能吸引读者。假如你学过的课文变成了连环画，请你学着连环画的样式，给你喜欢的课文设计一个封面吧！

封面设计需要包含：标题；图画；绘画作者的名字。

2. 人物是连环画的灵魂，故事是连环画的骨骼。请你以“保护环境”为主题，创造 4 ～ 6 格连环画。注意：请提前构思好故事、人物再动笔哦！

知识补给站

1. 连环画按形式来分，一般有以下类别：

①以篇幅来分——长篇（一般为100幅以上）、中篇（一般为60～100幅）、短篇（一般为60幅以下）。

②以画种来分——木刻连环画、单色连环画、彩色连环画、剪纸连环画、漫画连环画等。

③以所用造型手段来分——线描、彩墨、水粉、木刻、剪纸、素描、油画等。

④以图画的组合方式来分——方块式（一页一幅，画面呈现方框形，一幅图配一条文字）；定格式（通常在报刊发表，一般采用人物对话，不用很多文字说明，有时也不用对话）；组合式（一页多幅，人物对白、图画、文字根据实际需要调整）。

2. 连环画名家。

20世纪40年代的“四大名旦”：沈曼云、赵宏本、钱笑呆、陈光镒；1940年代的“四小名旦”：赵三岛、笔如花、颜梅华、徐宏达；20世纪50年代后的“南顾北刘”：顾炳鑫、刘继卣（yǒu）；20世纪50年代后的“南北二刘”：刘继卣、刘旦宅；20世纪80年代后有“南雷北燕”：雷德祖、高燕。

能吃的画

你吃过糖画吗？糖画，顾名思义，就是用糖做成的画，它亦糖亦画，可观可食。糖画是集民间工艺美术与美食于一体的独特的传统手工技艺，让我们走进糖画的世界，认识这门神奇的民间艺术吧！

活动过程

活动项目：认识糖画，尝试制作一幅糖画

活动场所：公园或街头巷尾

活动时长：30 分钟

活动流程：

观察糖画的颜色、造型、线条，尝一尝糖画的味道。

用小铜勺舀糖浆，在大理石板上绘制自己喜欢的图案。

和家人或小伙伴说说你品尝和制作糖画的感受。

学习目标：

1. 能对艺术产生兴趣，了解糖画的特点，欣赏糖画的美。

2. 能利用多种渠道获取资料，体会糖画中蕴含的民俗文化。

学习项目：

【项目作业一】阅读与鉴赏

材料一：

画糖人

杭州河坊街上的民间工艺可真不少，糖画、玉雕、剪纸……各式各样，让人眼花缭乱。

咦，前面那人手上拿的是什么？薄薄的，透明的，像琥珀似的。走近一看，原来是糖人啊！

“画糖人喽……”小摊贩叫着。

这时，摊前已排起了长龙，孩子们盼望已久的画糖人终于来了。

糖画师傅拿出工具：一勺，一铲，糖浆，石板。别看工具简单，这画糖人的手艺可不简单。孩子们用转转盘的方式选出自己要的图案来，这时转盘指针指到了“龙”，师傅飞速地从锅里搅出一勺糖浆，滴在石板上。只见他以勺为笔，以糖为墨，笔如神助，糖丝儿快速流淌勾勒出图案的形状；时而快如闪电，勾勒出图案的细节，提拉收放间一只神气活现的“龙”就画好了。

“哇——”观看的一众小孩惊叹不已。

过了一会儿，糖浆凝固了，变硬了，要铲糖人了。铲糖人尤其难，角度不对，糖人要裂开；力道不对，糖人要裂开；签子插的位置不对，糖人要裂开。糖画师傅拿起铲子，大伙儿都屏住呼吸，生怕影响到师傅的发挥。只见他把铲子对准糖画的其中一角，铲子轻轻一抖，整片糖人便完全和石板分离了。

糖人做好了。看这糖人，晶莹剔透，在阳光下每一处都闪耀着诱人的光芒。侧着看，糖画又是那么薄，好似一张纸；正面看，十分细致，龙身的鳞片和龙爪的纹理都惟妙惟肖地表现出来了。真是让人舍不得动口。

用舌尖轻舔一下，醇香的感觉沁人心田。咬一口，入口即化，甜甜的味道在口中久久不散。

材料二：

图 1

图 2

1. 评价鉴赏：阅读材料一，思考糖画师傅的高超技艺体现在哪些方面。

____

____

2. 比较分析：结合材料一，说说材料二的两幅画在绘制材料、线条上有什么不同点。

____

____

3. 创意运用：假如此时你就站在糖画师傅身边，请你帮他写几句广告词宣传推广。

____

____

★阅读推荐★

绘本：《中国糖画》（冯旭 / 著　武美汐 / 绘）

【项目作业二】表达与交流

1. 随着科技的发展，糖画机器人已投入生产，它可以批量生产各式各样的糖画，因而有人说制作糖画这门传统手艺可以退出历史舞台了，你同意吗？和你的家人、朋友交流讨论。

____

____

2. 熬糖这一环节十分考验糖画师傅的功力，正所谓“少一分不够，多一分全毁”。这样的做事态度对同学们的学习和生活有什么启示呢？请结合生活实际具体写。

____

____

【项目作业三】梳理与探究

1. 糖画起源于明朝，至今已有600多年的历史了，在街头巷尾、公园、景点等地依旧能看到有人在卖糖画，糖画能延续至今的其中一大秘诀就藏在这张转盘上，快和你的家人一起来研究研究，把你的发现写下来吧！（可

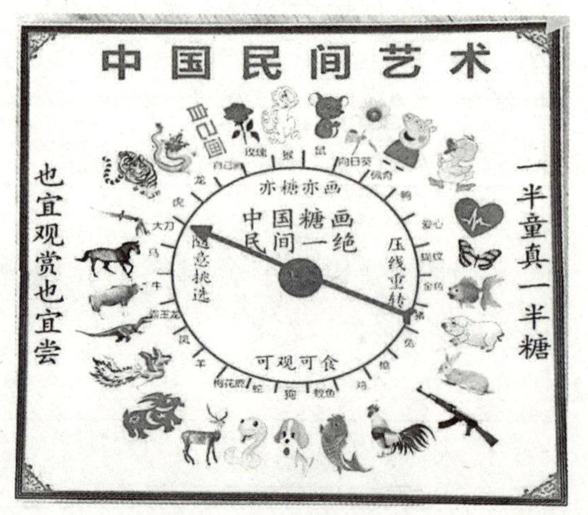

以从转盘的使用、绘画题材和盘中的文字等入手研究哦！）

2. 如果想让糖画更受当代小孩子欢迎，你觉得这个转盘还可以怎样设计？把你的想法画下来，并说说你为什么这样设计吧！

知识补给站

糖画儿在古代叫糖饼儿，关于这个名称的由来还有一段故事呢。相传，唐代大诗人陈子昂也是个“吃货”，他在家乡四川时，特别喜欢吃黄糖（蔗糖），而且他的吃法十分独特。他把糖熔化，在光洁的桌面上浇铸成各种小动物及花卉图案，待凝固后拿在手上，一面赏玩一面食用，自觉很有趣。后来，陈子昂到京城游学、求官，初到京师只做了一个小吏。一天，陈子昂正在赏玩自己的“作品”，被出来游玩的小太子看见了，小太子吵着要，后来此事还惊动了皇上，皇上下诏宣陈子昂进宫，并要他当场表演。陈子昂当场做了一枚铜钱，小太子立即破涕为笑。皇上一高兴，脱口说出“糖饼（儿）”一词。这就是“糖饼（儿）”这一名称的由来。

柔和典雅的箫

一阵风吹过，无数乱叶从地上卷起，白衣飘飘的少年侠客从空中飘下。他手持一根洞箫，在幽静的树林中吹奏。影视剧中那圆润柔和、幽静典雅的箫声令人回味无穷……就让我们跟随吹箫的少年，一同去了解柔和典雅的箫吧！

活动项目：了解箫，尝试用箫吹出声音

活动场所：琴行（视安全以及当地情况而定）、家中

活动时长：30 分钟

活动流程：

观察箫的外形，找一找箫的吹孔。

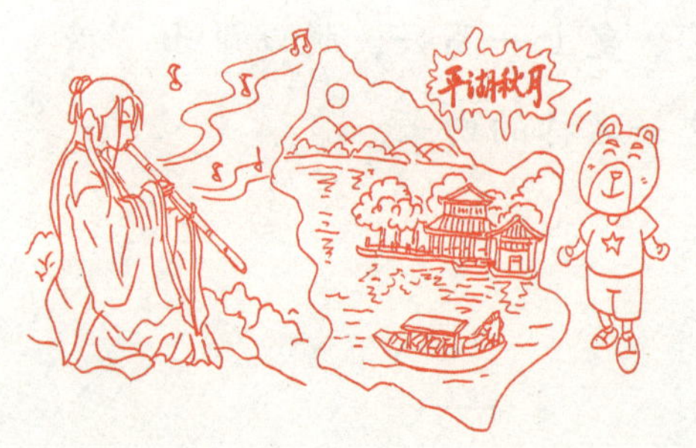

欣赏视频箫十大名曲之一《平湖秋月》，感受箫音色圆润柔和的特点，并和家长、朋友交流自己的感受。

尝试吹一吹箫，让它发出声音。

学习目标：

1. 能对民乐产生兴趣，通过多种方式欣赏箫的外形和箫曲的美。

2. 能阅读并简要复述与箫有关的民间故事。

学习项目：

【项目作业一】阅读与鉴赏

材料一：

箫

音乐课上，老师拿出了一把长长的乐器。我们都以为是“笛子”，结果它竟然是“箫”。

音乐老师笑着说：“唐代以前，笛、箫通常统称为笛；唐代以后，人们把横吹而有膜孔的称为‘笛’，竖吹无膜孔的称为‘箫’。箫吹奏起来音色柔美圆润、悠远典雅。”

我好奇地摆弄起这把箫，放到嘴边轻轻吹奏。箫的演奏技巧基本上和笛子相同，可轻松地吹奏出滑音、叠音和打音等，但灵敏度稍逊于笛。

老师大声夸赞：“吹得不错，好好学习，说不定你以后还能参加福建南音、广东音乐和河南板头曲乐队的民间器乐合奏呢。”

她又拿出一个乐器，介绍道：“刚刚你吹的是洞箫，这是排箫。它由一系列管子组成，管身没有音孔，管子按由长到短的顺序排列、连接在一起，底部都用塞子堵住，构成一个个独立的吹管。吹奏时，气流进入管中可产生高低不同的音调。”

我好奇地拿起来观察。原来，洞箫只有一根管子，排箫有很多管子，于是我便问：“排箫是用什么做成的呢？”

音乐老师继续介绍：“排箫除了可以用竹子制作外，还可以用骨头、石头制作。排箫的种类繁多，从管数组成看，就有十到二十四管不等的十余种。目前所知最早的排箫是十三管排箫，出土于战国曾侯乙墓，距今已有两千多年。”

原来箫的历史这么悠久啊。

材料二：

吹箫引凤

你听说过民间故事“吹箫引凤”吗？

春秋时期，相传秦穆公的女儿弄玉不仅长得花容月貌，还精通音律，擅长吹笙。有一天晚上，弄玉正在宫中吹笙，忽然听到远处传来隐约的乐声，与自己的笙相和，精妙无比。第二天，弄玉对父亲说：“昨晚，我听到有人吹箫与我的笙声相和，您派人去找找吧！”

秦穆公派去的大臣几经探寻，在华山找到了一位面如朗月的青年男子。他名叫萧史，最喜欢吹洞箫，箫声可远达数百里，令听者流连忘返。

大臣将萧史带回朝廷。秦穆公让萧史吹起洞箫。一曲响起，如仙乐飘飘，动听悦耳；二曲吹罢，五色祥云翩然而至，大殿上五光十色；三曲吹毕，百鸟齐至，凤翔鹤鸣，一派仙境风光。众人看得目瞪口呆，佩服不已。

弄玉见萧史不仅风度翩翩、俊朗潇洒，还精通乐律、演奏传神，便对他一见倾心。秦穆公当下便把弄玉许配给了萧史。

二人成亲后，住到了秦穆公特地为他们建的凤台上。他们恩爱无比，日夜笙箫合奏。

这一夜，夫妇俩正在月下合奏，忽然一对金龙彩凤从空中飞来，落到凤台上。萧史乘龙，弄玉骑凤，双双飞升仙界，做了一对神仙眷侣。从此，“吹箫引凤”的故事在民间便广为流传。

材料三：

图 1 《韩熙载夜宴图》局部

1. 比较分析：阅读材料一，你能辨别出材料三中的仕女分别吹奏的是什么乐器吗？这两种乐器还有哪些不同？请写下来。（至少两点）

____

____

2. 应用实施：材料二讲述了一个传统的民间故事——“吹箫引凤”，这个故事出自西汉刘向的《列仙传》。你能试着用简洁的语言给小伙伴们讲讲这个故事吗？

____

____

★阅读推荐★

视频：箫曲《梅花三弄》

【项目作业二】表达与交流

1. 欣赏箫曲《梅花三弄》，你仿佛看到了一幅怎样的画面？把你想象到冬日梅花的景象写下来，再在旁边画一画吧！

写一写										画一画

2. 再次欣赏箫曲《梅花三弄》，从曲子节奏、表达情感等角度，和父母或小伙伴交流自己的感受。

____

____

【项目作业三】梳理与探究

1. 你以为箫都是用嘴吹的吗？海南有一种特别的箫，当地人会用鼻子来吹，这种乐器被命名为“鼻箫”，它通常只有四个孔，却能吹出七个音阶。还有哪些特别的箫呢？请你搜集资料，给小伙伴介绍介绍吧！

____

____

2. “玉屏箫”曾在伦敦和巴拿马国际展览会上分别获金奖和银奖。请你观察下面的图片，说一说“玉屏箫”为什么深受外国朋友喜欢。

图2　玉屏箫（局部）

知识补给站

1. 有关箫的古诗

寄扬州韩绰判官

［唐］杜牧

青山隐隐水迢迢，秋尽江南草未凋。
二十四桥明月夜，玉人何处教吹箫？

2. 排箫

排箫是箫的一种。自汉唐以来，很多吹奏排箫的形象便出现在石刻、壁画、墓俑中。从形制来看，排箫管像凤翼一样零散排列，有的呈单翼状，有的呈双翼状；从材料上看，排箫有骨质、竹质和石质之分。

交响乐队中的首席

一直以来，小提琴都极受人们欢迎，被大家称作“交响乐队中的首席”。随着小提琴的琴弓在琴弦上舞蹈，一首首美妙的乐曲也随之在空气中流淌。接下来，让我们一起走近形态美观、声音悦耳的管弦乐器——小提琴。

活动过程

活动项目：认识小提琴，并尝试拉出声音

活动场所：琴行（视安全以及当地情况而定）、家中

活动时长：30 分钟

活动流程：

观察小提琴，说一说如何让小提琴发出声音。

欣赏视频小提琴名曲《卡门幻想曲》，观察演奏者演奏时手指位置的变化。

模仿演奏者的动作，尝试用小提琴拉出声音。

学习目标：

1. 能阅读相关资料，说一说小提琴的外形、音色特点以及保养知识。

2. 能通过多种方式欣赏小提琴曲的美，从中体会中西方文化的交融。

学习项目：

【项目作业一】阅读与鉴赏

材料一：

小提琴

今天，我们全家将前往中央音乐馆聆听交响乐团合奏。

“这次交响乐团的阵容真强大呀！”爸爸看着演出单禁不住赞叹道。

“我最喜欢交响乐队中的小提琴。”妈妈一边说，一边拿出了自己心爱的小提琴，“你们看，小提琴多美啊！它是一种拉弦乐器，由欧洲古代的弓弦乐器长期演变而成。小提琴大多是木制的，全长大约 600 毫米，琴身长约 355 毫米。它有四根弦，琴颈部分附有指板，琴身部分由面板、底板等构成，面板下附装了音梁。”

“小提琴还被称作‘交响乐队的首席’。‘首席’者，第一也。在西洋交响乐队中，小提琴明显居于重要位置。”爸爸笑眯眯地说。

我可没心思听爸爸说这么多，满眼都在小提琴上了，爱不释手地摸着小提琴，好奇地问：“怎么拉琴呢？”

妈妈将琴身夹于下腮与锁骨之间，以左手执琴颈按弦，右手持弓拉奏。不一会儿，一曲动听悠扬的《第二小提琴协奏曲》萦绕房间……

材料二：

小提琴的养护知识

小提琴很珍贵，那拥有了一把好琴，我们该如何保养呢？

琴行的老师提醒我们："小提琴很娇贵，对于存放环境的要求比较高。空气湿度要适中，也不能存放在阳光直射的地方。较长时间不使用时，要将琴弦拧松，因为琴弦长时间紧绷会导致琴的音色改变。练完琴后，要把琴放回琴箱中，立着放，琴头朝上。"

他又拿出松香，轻轻擦拭小提琴，在弓毛上涂上适量的乐器松香，旋转弓杆螺丝，直到松紧度适当后，再用弓毛反复摩擦松香数次。琴行的老师还提醒我们："每次用完琴之后，必须拧松弓毛，以免长时间紧绷，给弓毛、弓杆造成不可逆转的损伤。"

"小提琴保养的学问多着呢！"琴行老师又拿了一块干净的布，"我们要经常用干净、柔软的布擦拭小提琴琴体，以免过多的松香和灰尘长时间堆积在琴体上影响它的音质。注意不要使用酒精等化学试剂擦琴，这样会擦去油漆，琴的寿命很容易缩短。"

材料三：

图 1 小提琴

图 2 小提琴琴头

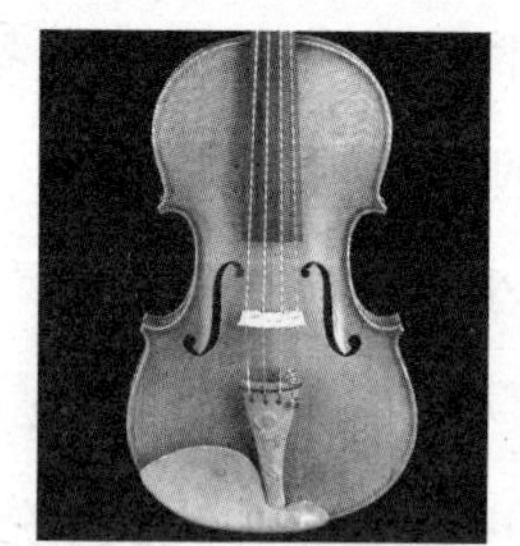
图 3 小提琴琴身

1. 获取信息：请你阅读材料一，结合材料三的图片，再联系生活实际，和小伙伴说一说：小提琴在外形、音色、演奏等方面有哪些特点？

____

____

2. 创意运用：材料二主要介绍了小提琴的保养知识。请你以商家售后服务人员的身份，转述给买家，告知其养护知识。（至少两点）

____

____

★阅读推荐★

视频：国际小提琴金奖得主宋智媛独奏《梁祝》

【项目作业二】表达与交流

1. 聆听小提琴曲《梁山伯与祝英台》（简称《梁祝》），并结合背景资料，和父母交流：你仿佛看到了一幅幅怎样的画面？这些旋律背后蕴含了怎样的情感？

____

____

2. 琴行的老板要推销精美的小提琴，请你结合小提琴的制作材质、部件特点、保养知识，为琴行老板写一份推荐词吧！

【项目作业三】梳理与探究

以《梁山伯与祝英台》为主题曲，合作编排音乐剧，在班里演一演。

音乐剧名称	剧情构思	角色分工

知识补给站

1. 小提琴协奏曲《梁山伯与祝英台》（简称《梁祝》）

它是中国音乐史上一部伟大的作品，在世界音乐舞台上也占有重要位置。它是一部以“梁山伯与祝英台”传说为音乐主题的民族交响音乐作品，是新中国成立后，我国音乐家创作出的第一首小提琴协奏曲。

2. 民间故事《梁山伯与祝英台》

祝英台女扮男装，一心外出求学，路上遇见梁山伯，二人结伴而行。他们俩形影不离，白天一起读书，晚上一起休息。祝英台对梁山伯心生爱意。有一次清明节，祝英台向梁山伯暗示对其有爱慕之意，梁山伯才恍然大悟。可是，马文才想娶祝英台。梁山伯因向祝英台求婚太迟，祝英台嫁给了马文才。为此，梁山伯一病不起，不久病逝并葬于南山。祝英台出嫁时要求迎亲队伍经过南山，并且自己要下轿拜祭梁山伯。忽然狂风大作，梁山伯的坟墓裂开一道缝，祝英台奋不顾身地跳进去。不久后，坟墓里飞出一对形影相随的蝴蝶。

舞从敦煌来

敦煌壁画中的舞蹈动作多弯多曲，具有独特的艺术风格和审美特征，是我国文化艺术中一颗璀璨耀眼的明珠。接下来，就让我们穿越时空，一同欣赏来自敦煌的舞蹈吧！

活动过程

活动项目：欣赏敦煌舞蹈《飞天》

活动场所：艺术中心或大剧院（视安全以及当地情况而定）、家中

活动时长：30 分钟

活动流程：

观赏敦煌舞蹈《飞天》，和父母或朋友交流自己的感受。

对比敦煌舞蹈《飞天》和古典舞《采薇》，说一说两种舞蹈在舞姿、服饰等方面有哪些不同。

选择《飞天》中你最喜欢的一个舞蹈动作，尝试着跳一跳。

学习过程

学习目标：

1. 能对艺术产生兴趣，通过多种方式欣赏敦煌舞蹈的美。
2. 能借助图片和文字资料说出敦煌舞蹈的经典动作和道具。

学习项目：

【项目作业一】阅读与鉴赏

材料一：

敦煌舞蹈在外在表现形式上展现出身体的灵活性、柔韧性，同时也需要身体各个部位的配合。舞者通过身体各个部位的“力”，将头部、胯部、肋部、膝部形成平衡角，身体呈现出多道弯的姿势，并且通过这些身体部位的协同配合进行舞动。如果某一个部分配合不当，用力过大或者过小，都会对身体的稳定性和协调性造成影响，降低敦煌舞整体的美感。敦煌舞强调曲线美，“S”形三道弯、多道弯等曲线线条，是对传统舞蹈美学思想的传承。

图 1　回身拨云式

图 2　横弹二势

敦煌舞还传承了中国古代以和为美的审美观，讲求对称和谐。经典造型飞天经常都是双双出入的。在表演时，敦煌舞还注重营造一种言有尽而意无穷的意境，观众在欣赏舞蹈的时候可以沉浸式体验，享受舞蹈所带来的意境美。例如，在著名敦煌舞《飞天》中，首先为观众呈现出星空、烟雾、裙带飞扬等舞美效果，营造出一种仙境的感觉，给人无限的想象空间；而后通过舞者婀娜的身姿，长绸的飞舞，突出飞天在空中展翅飞翔的特点。这样的表演让观众不仅在感官上产生愉悦，还能体会到对自由、和平、幸福生活的向往。

材料二：

一种艺术是否具有长久的生命力，重要的是这种艺术能否持续不断地创新发展。敦煌舞在发展的道路上，始终追求创新，舞蹈工作者不仅从敦煌壁画中汲取养料，还将其与现代舞元素、西方芭蕾元素等相结合，创作出《大梦敦煌》《敦煌》等优秀舞蹈作品。此外，还编写出训练目的不同的教材，使敦煌舞的发展呈现出多样化的趋势。舞蹈艺术在创新路上是否能坚定不移地保持民族特色，是否能在题材或者形式上有所创新，是否能与国际接轨等，都是当今舞蹈工作者需要深入思考的问题。

1. 获取信息：敦煌舞蹈美在哪些方面？请阅读材料一，说说你的想法。（至少两点）

____

____

2. 创意运用：随着时代的进步，敦煌舞蹈也在不断创新。阅读材料二，思考在现今社会，敦煌舞蹈还可以如何创新。

____

____

★阅读推荐★

视频：唐诗逸《鸿音》|《丝绸之路》流风回雪，恰似惊鸿

【项目作业二】 表达与交流

1. 观赏敦煌舞蹈《丝路花雨》，试着将剧情简要介绍给你的小伙伴吧！（讲述时关注故事的起因、经过、结果）

____

____

2. 观看了精彩的敦煌舞蹈，请你从舞蹈中选择一位最喜欢的主人公，把他/她的精彩表演用一连串的动词写下来吧！（100字左右）

【项目作业三】 梳理与探究

1. 以下是几种经典的敦煌舞蹈动作，请选出相应的序号填写在括号里，再给父母或同学介绍这几个经典动作吧！

手持琵琶舞姿（　　　　）是敦煌舞蹈中经典的舞蹈造型，将高超的弹奏技艺与舞蹈相结合。

箜篌弹拨舞姿（　　　　）呈现出敦煌乐舞中转轴拨弦的美妙身姿。

飞天伎乐舞姿（　　　　）展现了飞天轻盈曼妙的特点，兼具西域风格和印度风格的神韵。

①

②

③

2. 在敦煌舞蹈中，道具是必不可少的，例如琵琶、箜篌、长绸等。如果请你担任校园敦煌舞蹈节目的导演，你打算选择哪种道具？配上什么动作？（参考项目作业三的第一题和知识补给站）想好后和同学说一说吧！

知识补给站

1. 敦煌舞蹈中的飞天形象

它来源于古印度神话中的乾闼婆和紧那罗。作为古印度神话中能歌善舞的天人，乾闼婆和紧那罗被吸收进佛教系统。随着佛教艺术审美和创作的需要，他们的职能逐渐融合，形象也不断演化，最终合为一体，成为体态俏丽、持乐歌舞、翱翔天空的飞天。

2. 敦煌舞蹈中经常使用的道具

乐器和长绸是敦煌舞蹈中经常使用的道具。其中，代表乐器有琵琶、羯鼓、箜篌、竖笛。长绸长四至六米，主要分为两种：第一种，需要扎在棍子上的为“硬绸”；第二种，直接可以用手舞动的为“软绸”。长绸的运用，扩大了舞者的表现空间，可以使舞蹈更加多姿多彩，丰富观众的视觉感受。

最爱中国福

“福”在传统文化中代表着美好的寓意。书写“福”字，寄托了人们对幸福生活的向往以及对美好未来的祝愿。笔画方正、见方见角、结体严谨的欧体楷书，使这个“福”更美、更饱满。让我们认识并了解欧体楷书的特点，书写中国最古老、最吉祥、最受欢迎的文字——福！

活动项目：认识并书写欧体楷书“福”字

活动场所：图书馆、书店或家中

活动时长：30分钟

活动流程：

查找欧体楷书的历史和故事：认识、了解欧体楷书的特点。

查找、观察楷书四大家欧阳询、颜真卿、柳公权和赵孟頫所书写的“福”字。

临帖练习，书写欧体楷书“福”字。

学习目标：

1. 翻阅相关资料，欣赏欧体楷书字帖，了解欧体楷书的字体特点。

2. 欣赏楷书不同字体的“福”字，感受中国书法之美。

学习项目：

【项目作业一】阅读与鉴赏

材料一：

《礼记》有曰：“福者，百顺之名也。”也就是说，“福”有顺利、诸事如意的含义。

《尚书·洪范》曰：“五福：一曰寿，二曰富，三曰康宁，四曰攸好德，五曰考终命。”也就是说，“五福”讲求长寿、富裕、安康、有德行、老年无疾而终，很多人认为这样的人生才是完美的。

宋朝著名的文学家和政治家欧阳修在《纪德陈情上致政太傅杜相公》一诗中表达了他对福的看法：“事国一心勤以瘁，还家五福寿而康。”可见，欧阳修认为五福的核心是长寿、健康。

在封建社会中，不同阶层、地位的人对“福”的理解也不尽相同：对于农民来说，有自己的土地，春种秋收，风调雨顺，丰衣足食就是福；对于商人来说，钱财满满就是福；对文人学士来说，十年寒窗苦读，能够“金榜题名”，那就是最大的“福”。

材料二：

下面出示的是《百福图》（局部），是由一百多种不同字体的福字组成。它的珍贵之处在于每个字各有千秋、字体各异、无一雷同。而“福”字，是诸事皆吉的总称，也寄托着人们所有的美好憧憬。

1. 获取信息：每个人对于“福”的理解都不同，仔细阅读材料一的内容，写一写不同的人对于“福”的理解有什么不同。

____

____

2. 评价鉴赏：阅读材料二的内容，欣赏《百福图》，说说《百福图》里的“福”字和我们平时书写的“福”字有什么不同。

____

____

★阅读推荐★

书籍：《启功给你讲书法》（启功 / 著）

视频：《中国福文化》

【项目作业二】表达与交流

1. 以下四个“福”字，分别为楷书四大家欧阳询、颜真卿、柳公权和赵孟𫖯所写的作品，你喜欢哪一个？尝试从线条笔画、字体结构两个方面与家人或小伙伴进行口头交流。

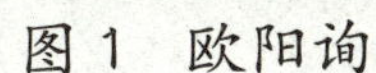

图 1　欧阳询　　图 2　颜真卿　　图 3　柳公权　　图 4　赵孟𫖯

____

____

2. 对照以上四幅图，用书法纸临摹书写自己喜欢的“福”字，然后用一段文字写出“福”字的寓意以及自己对生活或学习的美好愿望。

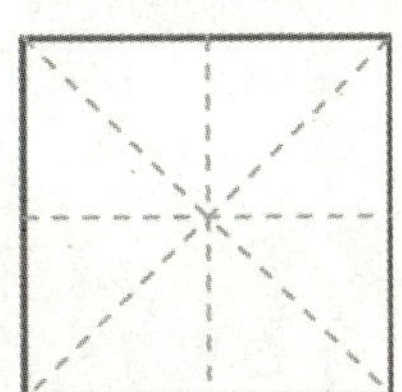

____

____

【项目作业三】梳理与探究

1. 请根据下图，说说你对甲骨文“福”字的认识。

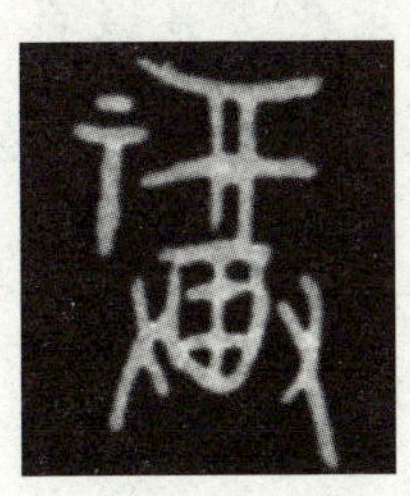

2. 以下是书法作品《御笔五福图》，这是一幅将清代五位帝王——康熙、雍正、乾隆、嘉庆、道光的御笔“福”字汇集的国宝级书法名作。五福并列，寓意多子、多田、多才、多寿、多福。请欣赏这一幅《御笔五福图》，想一想为什么清代五位皇帝都这么喜欢“福”字。

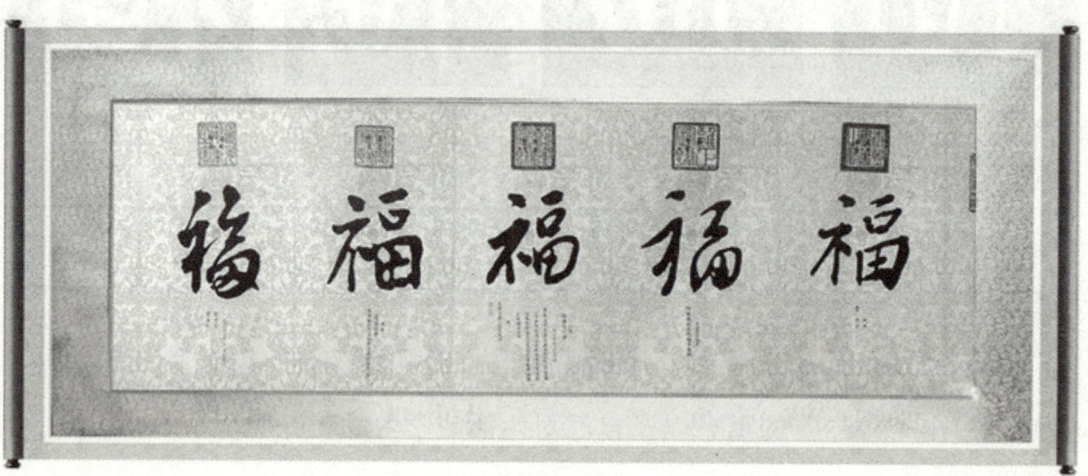

知识补给站

1. “福”字的演变：“福”字在甲骨文中是“两手捧酒浇于祭台之上”的会意字，是古代祭祀的形象写照。因此，“福”的最原始含义是“向上天祈求”。后来，“福”又成为特指祭祀用的酒肉。我国最早的字书《说文解字》对“福”的解释基本采用的是《左传》上的说法：“福，佑也。”指的是神灵保佑，逢凶化吉为福。又如《韩非子》上说：“全寿富贵之谓福。”这里的“福”就是福运、福气的意思了。

2. 福文化：也称中华福文化或中国福文化，是源自中国的民俗文化。福文化生生不息，内涵不断丰富、扩大，已全面渗透于人们生产、生活、思想等方方面面，超越了民族、宗教、社会、地域、时空等范畴，可谓包罗万象。

折扇翩翩沁墨香

同学们，书法就在你我身边，它经常出现在我们生活中的各种场合，公园、旅游景点、校园、茶楼、餐厅、家里……尤其是书法艺术品，如字画、折扇等，深受文人雅士的喜爱。折扇，不仅是便于携带的纳凉工具，而且还能把玩，尤其是写上书法的折扇更常常被用作家里的装饰品，成为朋友间互赠的佳品。让我们一起欣赏折扇作品，了解这一书法艺术中人见人爱的表现形式。

活动过程

活动项目：了解折扇文化，书写折扇文字，创作折扇作品

活动场所：图书馆、书店或家中

活动时长：30 分钟

活动流程：

查找资料，了解折扇的起源与发展历史。

观察折扇扇面上的文字书写格式，区分横式和竖式的不同。

欣赏一个折扇作品，了解折扇作品的组成部分。

学习目标：

1. 翻阅相关资料，了解折扇文化和故事。

2. 欣赏折扇作品，感受书法不仅与我们的生活息息相关，还具有独特的魅力。

学习项目：

【项目作业一】阅读与鉴赏

材料一：

折扇，是中华传统文化的载体，古时候它被称作折叠扇、聚头扇、撒扇等。在古代，折扇被当作是文人墨客的“代言”。如果说作为一个文人，没有一把像样的代表自己身份的折扇，那就必将会被大家笑话。除此之外，古时候不同地位的人，所拿的折扇也是不尽相同的。当然，除了彰显身份，更为重要的是，书法扇面已成为当时的一种文化。在今天，虽然折扇已渐渐失去了它的实用性，但它的艺术价值与文化价值依然值得我们研究，值得我们传承与发扬。

材料二：

东晋时期，王羲之任右军将军，大家又唤他王右军。他的书法作品非常有名，很受人们欢迎。

有一年，王羲之来到绍兴，在蕺（jí）山居住。每次他从家里出来，途经蕺山街走上小桥，总能看见有位老婆婆在桥头摆小摊卖六角扇。那扇子十分粗糙，没有什么特色，很少有人买。

有一天，王羲之又经过小桥，看见老婆婆守着扇摊，一脸愁容，他便很同情那老婆婆，于是上前跟她说："老婆婆，您这扇子上没画没字，当然卖不出去。不如我给您题上字，怎么样？"老婆婆不认识王羲之，但见他这么热心肠，就把扇子交给他写了。王羲之提起笔来，在每把扇面上龙飞凤舞地写了五个字，就还给老婆婆。老婆婆不识字，觉得他写得很潦草，十分不高兴。王羲之安慰她说："别担心，您只要对人说这是王右军题的字，每把扇子肯定可以卖到一百钱。"

王羲之走后，老婆婆便按照他的嘱咐叫卖扇子。行人被叫卖声吸引，纷纷过来围观。一看扇子上面果然是王羲之题的字，便争着出高价购买。不一会儿，一篮子扇子便被行人抢购一空，有的甚至还多给了一些钱，老婆婆高兴得嘴巴都合不拢了。

1. 获取信息：阅读材料一、材料二，说一说这两个材料的主要内容。

____

____

2. 对比鉴赏：折扇是传统文化的载体，它与团扇（一种圆形、有柄的扇子）有什么不同之处，又有什么相同的美？

____

____

★阅读推荐★

经典故事：《康熙题扇》《东坡之行扇》

视频：《观鉴时刻——折扇》

【项目作业二】表达与交流

1. 图 1 和图 2 是关于折扇扇面上文字的两种书写格式——横式和竖式，观察并找出这两种格式有什么不同之处和相同之处，说给父母或小伙伴听。

图 1　　图 2

2. 书法与我们的生活紧密联系，书法出现在我们生活中的各种场合。如图 3 所示，这是我们常见的书法作品，它和图 4 所示的折扇作品一样，都由正文、落款、印章三部分组成。请仔细观察，两者之间又有一些不同之处。请用一段简洁的文字指出两者的不同。

图 3

图 4

____

____

____

____

【项目作业三】梳理与探究

1. 要想完成漂亮的折扇作品，我们需要选择大小合适的文字及落款摆在扇面合适的位置。观察以下三种折扇作品，找出哪一种作品更为合适，说明理由。

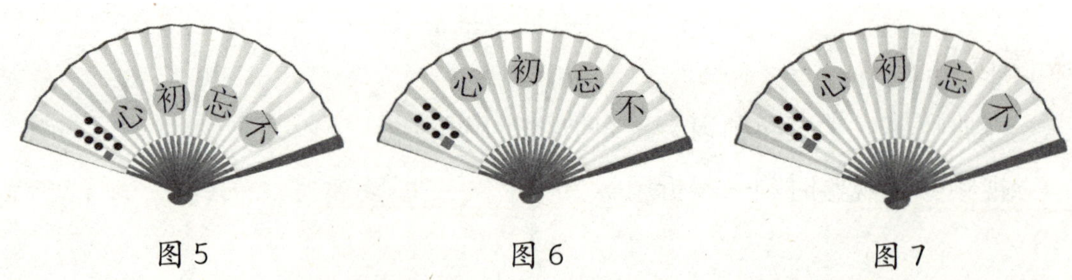

图 5　　图 6　　图 7

2. 如果把彩色的卡纸剪成各种形状，写上字，做成漂亮的书签，或者在漂亮的树叶上书写，当礼物送给朋友，传递我们的友谊，岂不美哉！尝试找一些卡纸或树叶，按照折扇的格式，在上面书写漂亮的文字，做成书签吧。

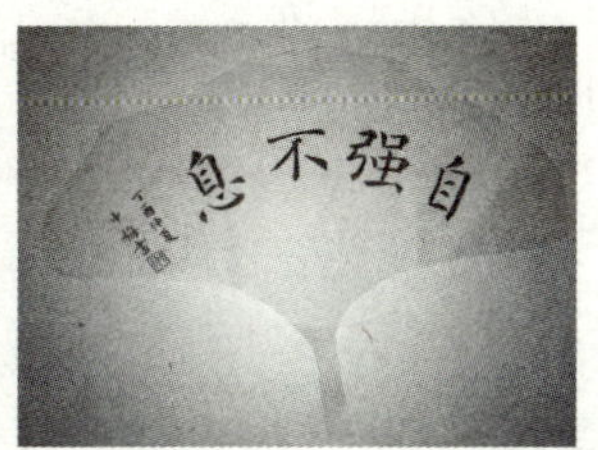

知识补给站

1. 折扇的别名及特点：折扇又名“撒扇”“纸扇”“伞扇”“掐扇”“折叠扇”“聚头扇”“聚骨扇”“棹子扇”“旋风扇”“紧头扇”等。折扇是一种用竹木做扇骨、韧纸或绫绢做扇面、能折叠的扇子，它用时需撤开，成半圆形，聚头散尾。

2. 折扇的历史：关于中国折扇的记载最早出现于公元5世纪的南北朝时期南朝梁的建康（今南京市）。《南齐书》上说：“褚渊以腰扇障日。”“腰扇”，据《通鉴注》上的解释，即折叠扇。宋代，日本和朝鲜的折扇是中国进口的贵重的手工艺品，有的作为该国使节或僧侣觐见中国帝王的礼物，博得中国文人学士们的赞赏。

书法结构独特的美

中国的书法与建筑有着一致的规则，端正平稳，均衡对称，虚实相间。正所谓：用笔也，结字为先。每一个文字，其结字间架都有着独特的魅力。点、线、面构成的书法结构美是书法形式美的重要方面。让我们一起欣赏不同的书法作品，分析书法的结构特点，感受书法的结构之美。

活动过程

活动项目：欣赏楷书、篆书作品；临摹书写楷书、篆书字体

活动场所：图书馆、书店和家中

活动时长：30 分钟

活动流程：

选择一本楷书字帖和一本篆书字帖。

欣赏字帖，分析其中的字体结构特点。

临摹书写：楷书字体“高”，小篆字体“高”，感受书法的结构之美。

学习过程

学习目标：

1. 搜集相关资料，了解并分析书法的结构特点。
2. 欣赏楷书、小篆等不同字体，临摹书写，感受书法的结构之美。

学习项目：

【项目作业一】阅读与鉴赏

材料一：

峻拔一角：字方者抬右角，“国”“用”“周”字是。

潜虚半腹：画稍粗于左，右亦须著，远近均匀，递相覆盖，放令右虚。“用”“見”“岡（gāng）”“月”字是。

间合间开：“無”字等四点四画为纵，上心开则下合也。

隔仰隔覆：“并”字隔“二”，“畺（jiāng）”字隔“三”，皆斟酌“二”“三”字，仰覆用之。

回互留放：谓字有磔（zhé）掠重者，若“爻”（yáo）字上住下放，“茶”字上放下住是也，不可并放。

变换垂缩：谓两竖画一垂一缩，“并”字右缩左垂，“斤”字右垂左缩。土下亦然。

——选自隋代和尚智果的《心成颂》

材料二：

“排叠”：字欲其排叠疏密停匀，不可或阔或狭，如“壽”“藁”“畫”“竇”“筆”“麗”“羸”“爨”之字，“系”旁、“言”旁之类，《八诀》所谓“分间布白”，又曰“调匀点画”是也。高宗《书法》所谓“堆垛”亦是也。

“避就”：避密就疏，避险就易，避远就近，欲其彼此映带得宜。又如“廬”字，上一撇既尖，下一撇不当相同；“府”字一笔向下，一笔向左；“逢”字下“辶”拔出，则上必作点，亦避重叠而就简径也。

——选自唐代欧阳询的《结字三十六法》

1. 获取信息：材料一、材料二都讲述了书写汉字时要注意字体结构间架的安排，阅读两则材料，说说关于字体结构的特点有哪些。

____

____

2. 比较评价：材料二讲述了唐代楷书名家欧阳询写的《结字三十六法》中的两种结字法——“排叠”法和“避就”法。这两种结字法有什么相同之处？又有什么不同之处？

____

____

★阅读推荐★

书籍：《启功给你讲书法》（启功 / 著）

视频：《吴鸿清书法讲座：汉字的结构美》

【项目作业二】表达与交流

1. 以下三个字体分别遵循书法汉字结构的三种原则，也体现三种不一样的美——端正平稳、均衡对称、疏密均匀。观察这三个字体，思考并指出每一种字体遵循的是哪种原则，讲给父母或小伙伴听。

图 1

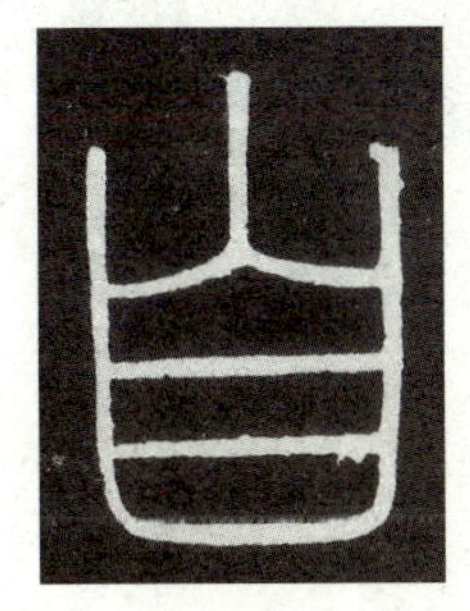

图 2

图 3

2. 每一种书法字体的结构特征都不一样，下面出示的是甲骨文、篆书、隶书、楷书、行书、草书这几种字体及其结构特征，结合自己的书写经验，说说这些字体的结构特征对你有什么启发，并写下来。

甲骨文：大小不一，疏密匀称

篆书：长方对称，上密下疏

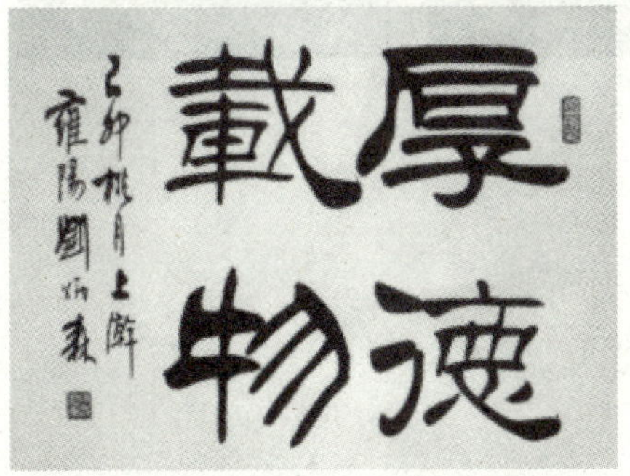

隶书：横势扁方，左右开张

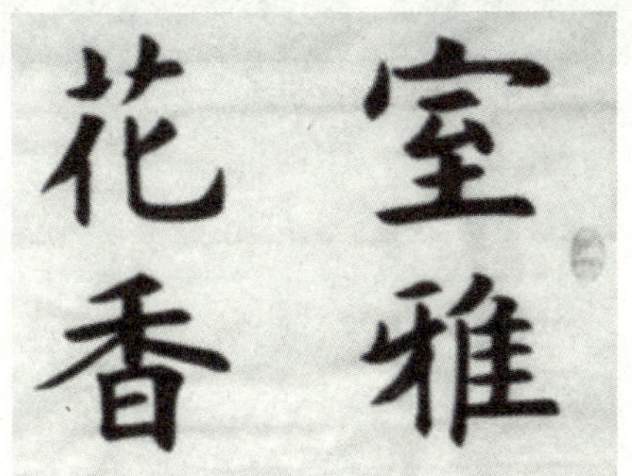

楷书：端正平稳，法度严谨

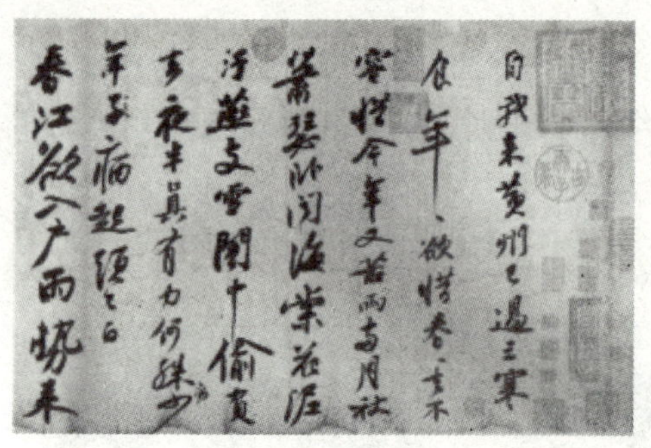

行书：体势生动，气韵贯通

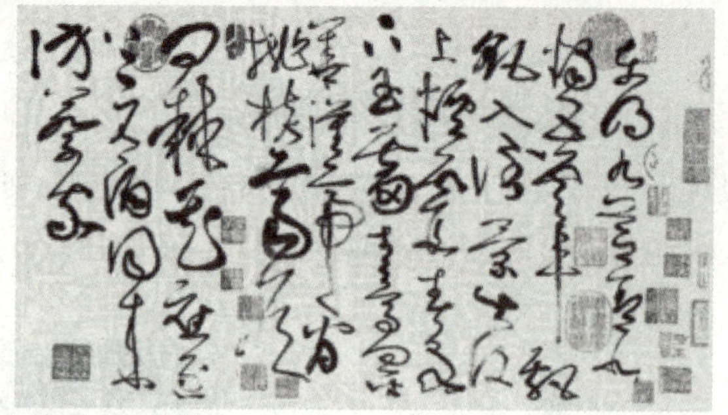

草书：字形简易，千变万化

【项目作业三】梳理与探究

尝试临写下列对称结构的小篆，力争使左右线条相对称。将自己的感受和临写的作品跟父母或小伙伴交流。

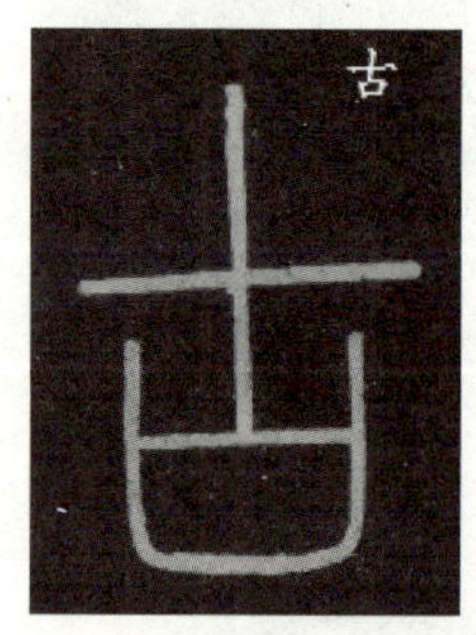

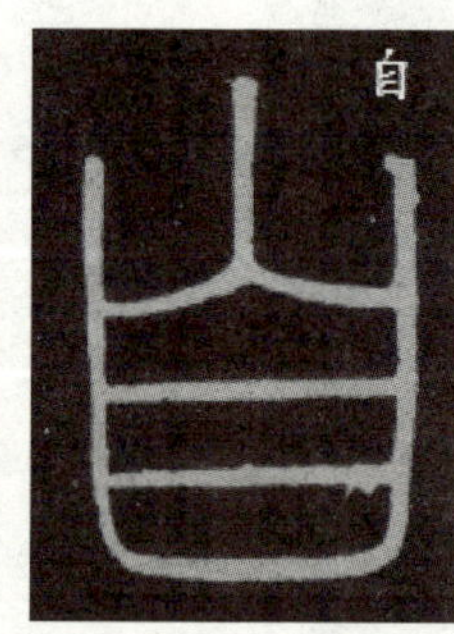

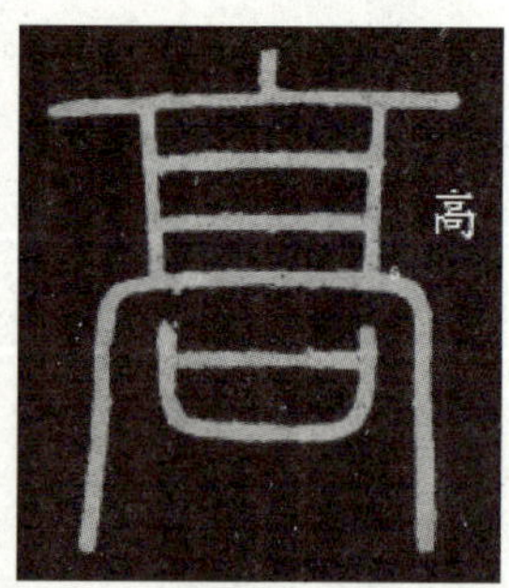

知识补给站

1. 书法结构特点。

（1）端正平稳——左右均衡，不偏不倚；重心下移，稳重如山。

（2）均衡对称——分割均衡，左右对称。

（3）疏密均匀——分布均匀，疏密有致；向而不犯；背而不离。

（4）迎让避就——左右避让，穿插咬合。

（5）主次分明——有主有次，次笔让主。

（6）形态变换——形态变换，彰显优美。

2. 研究书法结构的书法名家。

（1）智果：隋朝人，出家为僧，擅书。智果将书写心得辑为《心成颂》，记录了他所理解的执笔作字方法。文中精彩论述了从单个字的布白到行与行之间的呼应避让，再到整篇均衡协调的法则，为我们留下了宝贵的书法财富。

（2）欧阳询：唐代楷书名家，他将自己楷书书写的心得汇集而成《结字三十六法》，精练阐述了楷书书写在结构上的一般原则。他按楷书字形的类别特征规定了书写平正的合理原则，如“避就”（避密就疏），“相让”（合体字的相互搭配），“朝揖”（偏旁与主体的关系）等。

指上谈“戏”

“一语道尽千古事，十指挥舞百万兵。”木偶戏是中华民族的艺术瑰宝，它承载着中华民族数千年的文脉。让我们走近“偶戏”，了解和感受这项传统文化的艺术魅力吧！

活动过程

活动项目：观看木偶剧《金色的鱼钩》

活动场所：家中、木偶戏剧院

活动时长：30分钟

活动流程：

观看《金色的鱼钩》木偶剧。

观看后，对比木偶剧内容与课文内容的不同之处。

选择一个最喜欢的角色，尝试给角色配音。

学习过程

学习目标：

1. 搜集整理资料，了解木偶戏，丰富见闻。
2. 了解中国多种形式的“偶戏”，感受其独特的艺术魅力。

学习项目：

【项目作业一】阅读与鉴赏

材料一：

《宋人婴戏图》

傀儡吟

［唐］唐玄宗

刻木牵丝作老翁，鸡皮鹤发与真同。

须臾弄罢寂无事，还似人生一梦中。

材料二：

提线木偶，古称“悬丝傀儡”，木偶的重要关节部位如头、背、腰、手肘、手掌、腿、脚趾等处都缀有丝线，集中串在线牌头（又称勾牌）。演员通过拉动提线来操纵木偶的动作进行表演。

提线木偶由偶头、腹笼、四肢、提线和线牌头组成，一般高约两尺。木偶头是木偶的关键部位，用樟木、梧桐木或其他纹质细腻的杂木雕刻而成。头和身高的比例大致是 1 ∶ 6。有些特制的偶头内设机关，通过提线的控制，使眼、鼻、口、舌等能够活动，弥补了木偶没有脸部表情的缺陷，令木偶五官表情更为丰富。如在泰顺收集到的明清木偶头中的包公头像的眼睛和嘴巴就是可以活动的，能生动地表现人物的表情。木偶头的脖子部分上尖下细，由两根提线与腹笼相连，可随意摆动扭转，做出低头仰脸、左右侧倾等头部动作。腹笼为竹篾编织而成，胸部、臀部稍大，腰部较细。四肢用麻绳或布条编结，与笼腹连接。手通常用木料雕刻而成，右手为活动手，手指与手腕可以通过提线控制其活动，一般左手设 3 条线，右手设 5 条，其中 2 条专门负责手指的动作。因此，手有文、武之分，右手可以执剑、舞枪、挥刀、把盏、挥扇、持杯、提笔书写、梳妆打扮、提壶倒水等，左手一般伸大拇指，而其他四指握拳，掌中空，以备持刀剑之用。脚分为“赤脚”“靴脚”和“旦脚”三种，脚掌、脚趾由木刻而成，根据角色不同套有不同的鞋靴。

一个木偶通常有 10 根提线，根据木偶动作需要而取舍，基本分布在木偶头部 2 根，后背 1 根，双手各 2 根，双脚各 1 根，腹部 1 根。根据角色的不同，设线有多少之分，武生有的最多可达 18 根。另外，特殊的一些角色根据动作需要，做特技时则可增加到 30 余根。如木偶的双手需要拔剑、挥刀、把盏、弯腰、脱帽等，就需要在相应的关键部位增加丝线。有些特殊角色，如《水漫金山》中的丑角小沙弥，提线会增加到20甚至30多根。

在提线木偶的提线中，头部的2根线和背部的1根线最为关键，被称为“基线”，它们将木偶头和腹笼连接成一个整体，可以保持木偶身体的平衡，操纵木偶躯干的动作，如前后俯仰、左右摆动。巧妙的提线设置使提线木偶能表演拉刀、弄枪、挥棒、抬轿、点火、脱衣等复杂动作，使人物形象栩栩如生。提线的表演者甚至能双手同时操作四个木偶翻筋斗或让更多的木偶打混战，都不至于缠线，技艺高超。

提线木偶演员“心中之戏”要使自己与木偶达到统一，依凭的主要是根根丝线对“情”与“灵”的传递与表达，一线一偶一跃动，向世人展现着传统魅力，这就是提线木偶表演的最大难度，也是提线木偶最根本的魅力所在。

1.信息捕捉：材料一与材料二中提到的是哪一种“偶戏”？阅读材料二，填写下列表格。

____

提线木偶构造包括哪些部分？	提线的数量与木偶的动态有什么关系？
1.	
2.	
3.	
4.	
5.	

2.搜集信息：中国的“偶戏”多种多样，不同地区呈现不尽相同的演绎方式，请查阅相关资料，创建一份“中国偶戏”档案袋。

“中国偶戏”档案

偶戏名称	别名	分布地区	表演形式

★阅读推荐★

视频：学习强国《戏曲大课堂》（木偶戏篇）

书籍：《木偶戏经典故事》（马金明 / 编）

【项目作业二】表达与交流

1. 观看木偶剧《金色的鱼钩》，看完后再向小伙伴推荐这场木偶剧，并说三点推荐理由。

____

____

2. 为木偶剧《金色的鱼钩》制作宣传广告，最好图文并茂。

【项目作业三】梳理与探究

1. 留心观察，在街头上走一走，用相机记录下你在生活中发现的“偶”。将照片记录下来，配上一两句介绍吧。

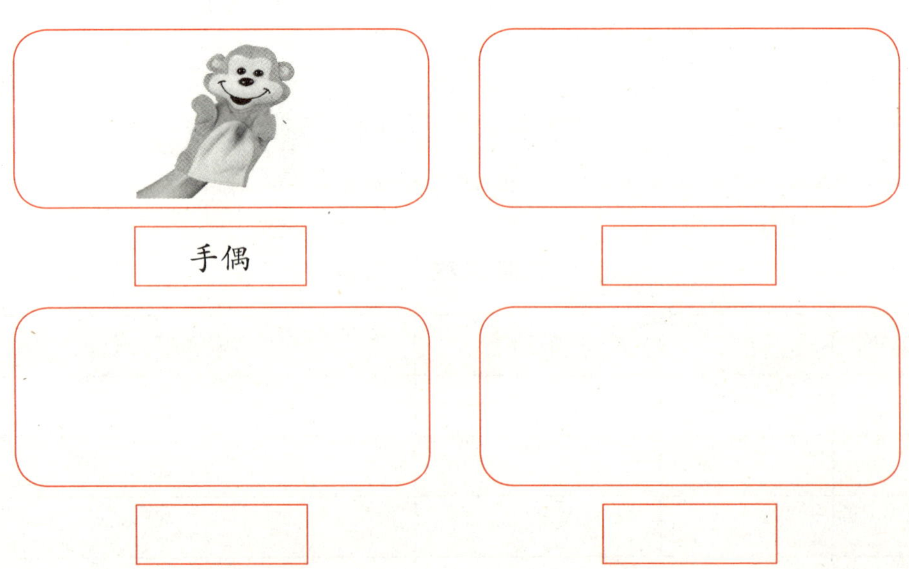

2. 根据下图提示，制作一个提线木偶，和伙伴演一演木偶戏。

准备材料与工具：

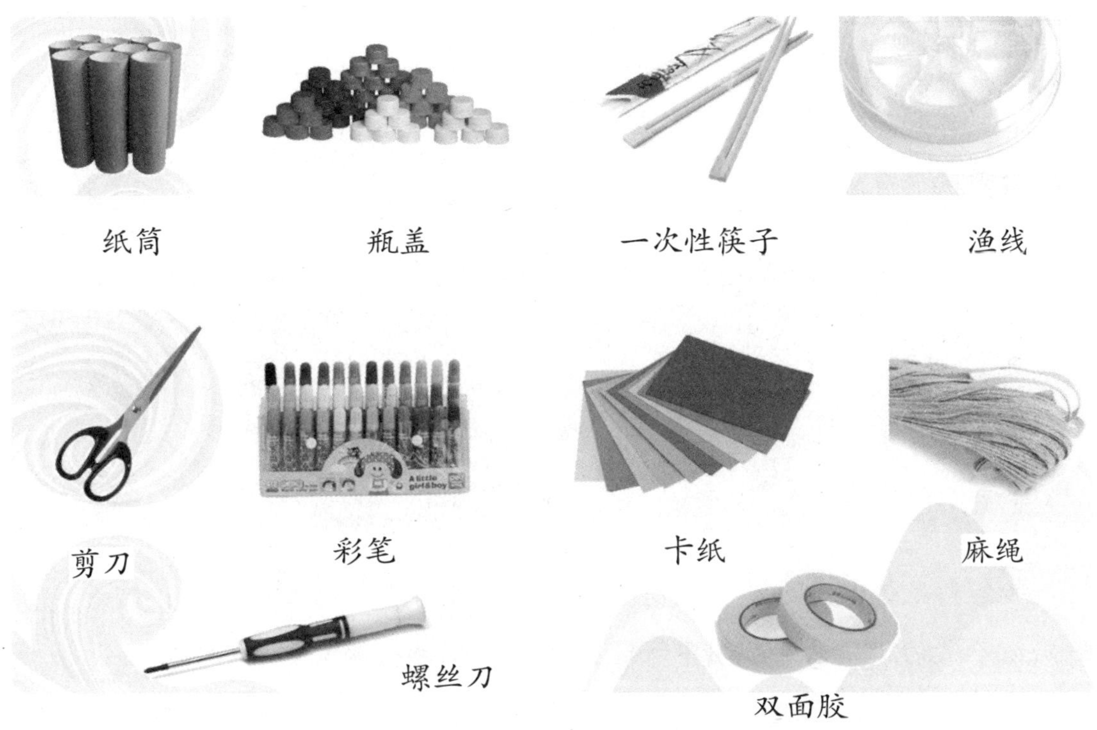

制作步骤：

①制作模板：将需要制作的人物或动物的头部形象画在卡纸上，如有手和尾巴也可一并画出。

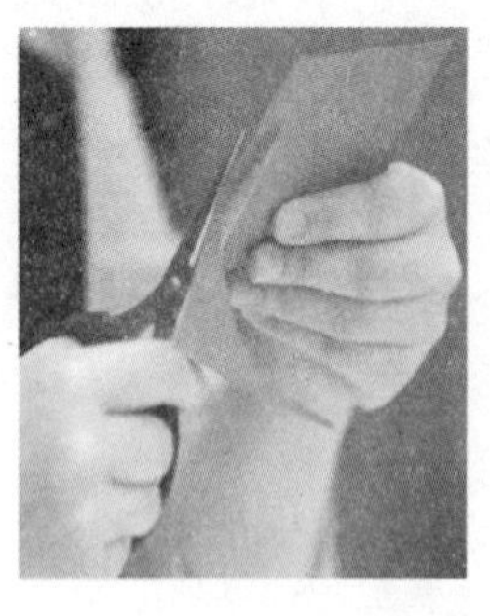
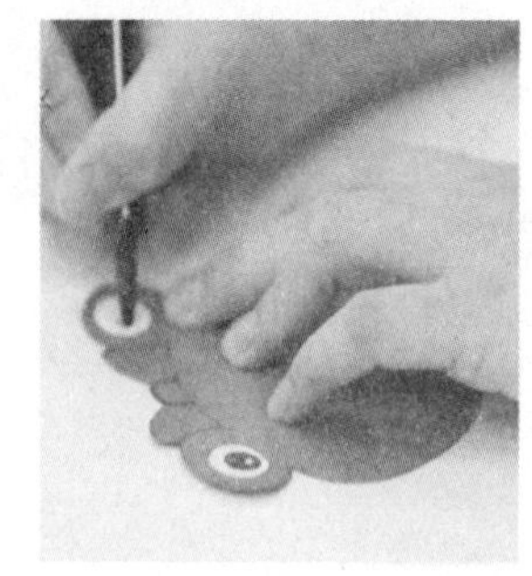

②剪裁粘贴：将卡纸上的造型依次剪下进行组合粘贴，并用相应颜色的卡纸将纸筒覆盖。

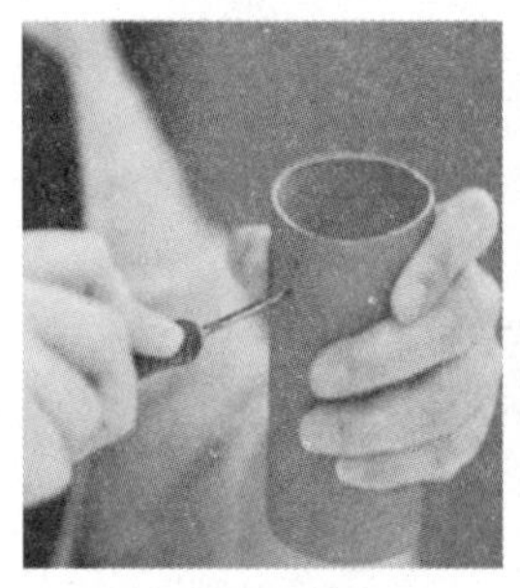

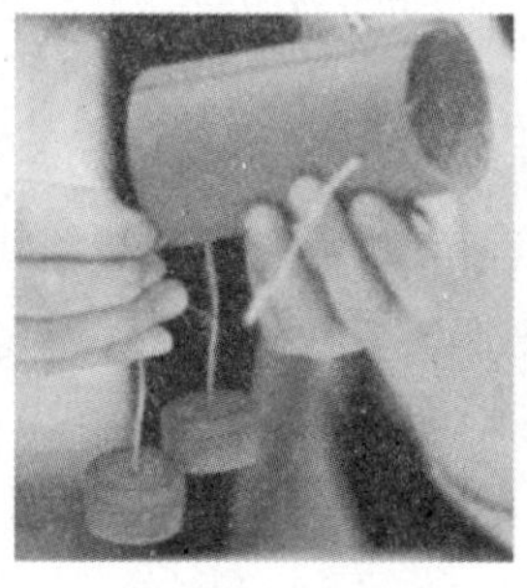

③制作纸偶：首先，在纸筒上端用螺丝刀打上对称的两个洞，接着将剪好的绳子（约20厘米）从洞中穿过并打结，此为纸偶的手臂；再准备两条绳子（约10厘米）穿上瓶盖并打结，然后将绳子另一端粘在纸筒下端，此为纸偶的双腿；最后将纸偶的头和尾巴粘在纸筒上。

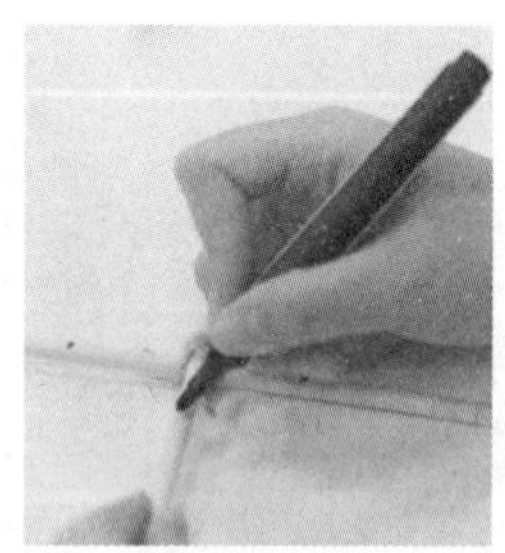

④连线：将一次性筷子十字交叉固定在一起，确定好绑线位置，再将提线（细渔线）与纸偶头、四肢依次连接起来（注意连接的顺序）。有了这些连接，纸偶就有了生命。

知识补给站

1. 根据记载，最早的木偶戏出现在秦汉时期，汉高祖刘邦是木偶戏的发明者。最初木偶戏的制作是为了行军打仗时振奋军心，当时刘邦被匈奴王冒顿的大军围困，城内粮草消耗殆尽，城外又没有援军出现，很多士兵阵亡，军心涣散。冒顿之妻在平城的一面驻扎，等待时机攻城。刘邦的谋士陈平知道匈奴王冒顿是个好色的人，就利用这一特点，下令能工巧匠制造出很多漂亮的木偶美女，并命令士兵暗地里控制木偶在城墙上走动、跳舞。这一举动让匈奴王冒顿之妻误以为平城美女如云，担心冒顿抛弃自己，便无心恋战，放弃围攻平城，城池得以解围。后来，刘邦登基，他对木偶心存感激，便将其作为国宝珍藏，对这一发明进行了传扬，木偶艺术的地位有了很大的提升。

2. 提线木偶表演艺术是操线的艺术，或者说是操线的造型艺术。它通过对柔软丝线的提紧与放松及其上下左右的运行，控制木偶形体的动态，“画出”空间移位的轨迹。

有声电影的鼻祖

在我国民间，广泛流传着一种独具特色的艺术表演形式，它借助灯光照射于影幕，配以音响，结合故事说唱，操纵皮影人表演各种动作，由此产生艺术效果。让我们通过了解皮影戏的特点，追溯有声电影的历史起源！

活动项目：观看皮影戏

活动场所：家中或戏院、皮影博物馆

活动时长：30 分钟

活动流程：

查找并阅读相关资料，了解皮影戏发展的历史。

观看皮影戏《张飞审瓜》，感受其人物造型特点，了解传统剧目的情节，并与家长、朋友们交流。

选择一两个人物造型，尝试在硬纸板上画一画、刻一刻，制作一个简单的皮影人物。

学习过程

学习目标：

1. 通过收集、整理资料，了解皮影戏的发展历史，激发保护优秀传统文化的情感。

2. 简单了解皮影的基本造型特点及制作过程。

学习项目：

【项目作业一】阅读与鉴赏

文化是一种信仰，文化是一种自信，文化是创新的源泉。弘扬中华优秀传统文化，是时代赋予我们的历史责任。皮影文化是中华优秀传统文化之一，它身上珍藏的历史印记数不胜数。它不但影响了地方戏曲的发展，还是中外文化交流的先驱。

据专家统计，宋元时期，全国曾有皮影剧团数千个，遍及长城内外、大江南北，各地皮影戏的造型、唱腔、表演技法可谓瑰丽多姿、风格迥异，它们影响了中国地方戏曲的发展。评戏的创始人程兆才先生曾把皮影的唱腔引进评戏当中，著名评剧剧目《花为媒》中的核心唱段“报花名”就脱胎于唐山影调音乐。一些电影史家认为中国古老的皮影戏是电影发明的先驱，可见中国皮影艺术在世界艺术史上的地位。

皮影戏还是诸多艺术品种中走出国门进行文化交流的先驱。中国的皮影戏从13世纪开始传往国外，曾随元朝的蒙古军队传播到波斯、阿拉伯、土耳其等地，受到异国观众的喜爱。1781年8月28日，德国诗人歌德以中国皮影戏形式演出了他的剧作《米娜娃的生平》和《米达斯的判断》。据记载，1767年在中国传教的法国神父居阿罗德曾把皮影戏的全部形式及制作方法带回法国，并在巴黎和马赛公开表演。20世纪80年代，川派皮影代表人物、年过70岁的王文坤应邀到奥地利金色大厅演出皮影戏，当时的奥地利总统观看了演出，兴致勃勃地接见了王文坤一行，并对中国的皮影艺术给予了很高的评价。

皮影戏鲜明的艺术特色为世界艺术家所青睐，至今在瑞典斯德哥尔摩人类博物馆，法国电影博物馆，德国的慕尼黑、柏林、奥芬巴赫、吕贝克博物馆，英国伦敦大英博物馆，美国自然历史博物馆、波士顿美术博物馆等都收藏着大量的中国皮影精品。20世纪70年代，皮影艺术家高淑芳应邀到德国奥芬巴赫皮革博物馆整理、鉴定该馆收藏的3200多件中国皮影，当看到这些艺术珍品时，她惊呆了。

皮影戏曾有过辉煌的过去，然而现状却不容乐观。

当今社会越来越多的娱乐方式使得皮影戏在人们心目中的地位一落千丈。20世纪50年代，湖南有皮影戏班社1500多个，河北省有皮影戏班社剧团900多个。而半个多世纪过去了，目前，全国建制齐全、有传承能力的皮影团体不足20个，皮影戏班社已面临消亡。

皮影精雕细琢，巧夺天工的色彩造型倾倒了无数的艺术家，但它的制作有着极高的难度。其复杂的制作工艺，成为它难以适应如今快节奏社会的最大障碍。

一个影人的制作包括制皮、描样、雕镂和上色等十余道工序，这些复杂的工艺足以花去一个手工艺人数星期的时间，还不包括这期间因任何一个小错误而导致无法修改、前功尽弃的可能性。同时，成品的保存也是一个难题，长时间的日晒会使颜料褪色，温度的湿热变化也会造成皮影的变形。这对强调批量生产的工业化社会来说无疑都是致命的弱点。

同时，当年表演皮影的艺人如今都已年逾百岁，这门精湛的技艺眼看着就要失传。耄耋之年的潘振业老人，其家族自清代以来就以演唱、雕、藏皮影为业，他看着家中墙上曾赴法国、德国演出的照片说道：“我唱了 71 年了，如今唱不来了。”他没有传人！皮影艺术家潘京乐 80 多岁了，他的演唱节奏分明、以声代情，声腔细腻，尤擅长悲剧，很多传统戏唯有他一人知道怎么演。看到当年与他同台的伙伴一一作古，潘京乐常常流下老泪。没有传人是他最大的悲哀！

这些皮影界名家如今年事已高，令他们食不甘味、夜不成寐的心病就是艺术失传。皮影戏的传承主要靠家传、师传和随团学艺，而皮影戏演员练功苦、演出条件差、收入少，年轻人不愿学习，后继乏人是不争的事实。传统剧目、操作表演、唱腔曲牌甚至面临人亡艺绝的境地。许多老影戏箱、剧本、道具被商贩拉网式地收购走，不少已流失国外。皮影的雕刻也已转入工艺品市场，工艺程序都简化了，真正演出用的影人雕刻制作技艺面临失传……皮影戏曾经流派纷呈、灿若群星的盛况不再。

1. 理解总结：结合资料说说从哪些方面可以看出皮影艺术曾经有过十分辉煌的历史。

____

____

2. 分析组织：请结合资料梳理皮影艺术面临失传的原因。

____

____

3. 分析归因：阅读到最后一段，皮影艺术不容乐观的现状一定冲击着你的情感，说说你对于这一现状的感受。（至少两点）

____

____

____

★阅读推荐★

艺术表演：《张飞审瓜》、皮影戏舞蹈《俏夕阳》

书籍：《小小传承人：非物质文化遗产——中国皮影戏》（崔宪/主编 赵红帆/编著）

【项目作业二】表达与交流

1. 观看皮影动画片《张飞审瓜》，将故事绘声绘色地讲给小伙伴听。

2. 由于种种原因，皮影戏面临失传甚至完全消失的窘境，结合“阅读与鉴赏”资料，上网查找资料，试着给皮影戏的传承和开发提出相应的建议。

现状	
我的建议	

【项目作业三】梳理与探究

1. 拼一拼、说一说：皮影人物由哪些部分组成？试着利用硬卡纸制作一个你喜欢的人物！

2. 皮影和糖画碰撞在一起，又会焕发出怎样的魅力呢？请你上网搜一搜，看看皮影造型做成的糖画是怎样的。自己选择一个简单的造型，试着做一做。

皮影糖画

知识补给站

1. 皮影的制作流程：选皮——制皮——画稿——镂刻——敷彩——发汗熨平——缀结完成。

2. 皮影的来历传说：

相传两千多年前，汉武帝的妃子李夫人因病去世，汉武帝非常思念她。一位大臣名叫李少翁，他在出门游玩时，偶然遇到路边一个小孩正玩布娃娃，影子倒映在地上，看上去栩栩如生。为了排解汉武帝心中的愁绪，李少翁便用棉帛裁出了李夫人的像，并在人物关节处装上木杆。等到晚上，围方帷，张灯烛，请汉武帝观看。汉武帝看后爱不释手。这个故事被认为是皮影戏的发源。

指间“偶”像

布袋木偶戏作为中国传统木偶戏的一个分支，以其独特的造型、精湛的表演技艺，深受大家的喜爱。让我们走进布袋木偶戏，从中一探中国艺术形神兼备的风格特点。

活动过程

活动项目：欣赏布袋木偶戏

活动场所：图书馆、家中、剧院（有木偶戏剧目的情况下）

活动时长：30分钟

活动流程：

观看漳州布袋木偶戏《大名府》，感受布袋木偶形神兼备的特点。

找来旧手套和旧玩具，制作简易的布袋木偶。

用自己制作的简易布袋木偶，和小伙伴演一演木偶戏《大名府》中的一两个情节。

学习过程

学习目标：

1. 查找、阅读相关资料，梳理信息，体会布袋木偶形神兼备的艺术风格。

2. 观看经典木偶戏，复述故事，了解人物，激发探索传统布袋木偶剧的兴趣。

3. 制作简易的布袋木偶，演绎简单的木偶剧，感受创作的乐趣。

学习项目：

【项目作业一】阅读与鉴赏

材料一：

踏莎行·赠傀儡人刘师父

［宋］刘仁父

不假牵丝，何劳刻木。天然容貌施妆束。把头全仗姓刘人，就中学写秦城筑。

伎俩优长，诙谐软熟。当场喝采醒群目。赠行无以表殷勤，特将谢意标芳轴。

材料二：

漳州布袋木偶戏起源于晋朝，成形于唐宋，兴盛于明朝，是一种历史悠久、造型精美、风格独特的木偶剧种，具有形神兼备的艺术特点。

布袋木偶的头像多以樟木制作，须经过开坯、定形、细雕、裱纸、磨光、刷泥、补泥、上粉、开脸、盖蜡等十道工序制作而成。偶头的造型多模仿京剧脸谱，除此之外，五官、脸型等都会根据角色的外形、性格、身份等进行不同的构造。因此，布袋木偶所塑造的角色外形鲜活逼真、生动传神。

布袋木偶一般有30厘米左右的长度，表演时，操偶人将食指伸入木偶的头部，大拇指和余下三指分别操控木偶的左右臂。表演者就是以五指的灵巧配合，操纵着布袋木偶进行各种各样的表演，动作灵活轻快，模拟的人物形态惟妙惟肖。在漳州布袋木偶戏《大名府》中，操偶人能操控木偶表现出倒酒、喝酒、摇扇等动作，甚至顶缸、顶碗、射箭、舞狮等技巧性极高的动作也不在话下。《大名府》中还有一幕：一个操偶人左右手同时套上布袋木偶展开打斗，两个木偶在对打的过程中居然能脱下对方的衣服，之后再把对方的衣服穿到自己身上。这一套动作行云流水，毫无卡顿、犹豫，观众甚至都没看清衣服是怎么脱下又穿上的。整场戏下来，虽然人物一言未发，但是通过他们的动作表演，观众也能准确把握角色的状态，达到“此时无声胜有声”的效果。

在布袋木偶戏中，角色的眼神、表情不会发生任何的变化，有的戏甚至整场所有的角色都一言不发，但是，创作者通过对人偶造型的逼真表现，以及角色动作、状态的准确表达，观众还是很容易感受到角色在戏中的精神品质，分辨出角色的善恶忠奸。漳州布袋木偶戏《大名府》中，从城门官的丑角造型、摇头晃脑的夸张动作不难看出这是个滑稽的角色，当不属于正面形象。从梁山好汉对城门官的各种戏耍动作中，不难分辨出戏中的正邪善恶。可见，布袋木偶的“形”和“态”，决定了它的“神”。

1. 获取信息：阅读材料一，说说词中提到的傀儡戏有什么特点。

____

____

____

2. 评价鉴赏：阅读材料二，说说布袋木偶戏“形神兼备”的特点体现在哪些方面。

★阅读推荐★

书籍：《中华优秀传统文化丛书：木偶戏》（王长印、余芬兰 / 编著）

视频：CCTV-3（综艺频道）《文化大百科》栏目 20130423 期《漳州布袋木偶戏》

【项目作业二】表达与交流

1. 在网上观看漳州布袋木偶戏《大名府》，把故事绘声绘色地讲给小伙伴或家人听。看看谁能将故事中梁山好汉的本领讲精彩。

2. 形神兼备是布袋木偶戏最大的特点。《大名府》是布袋木偶戏的经典剧目，它将中国的传统武术、杂技和戏曲艺术巧妙地融为一体，各种艺术形式、高难度动作应有尽有。选择《大名府》中给你留下深刻印象的一个人物向大家介绍，并写下来。（提示：可以从木偶的造型、服饰、剧情、人物的动作及表现等方面说明理由。）

【项目作业三】梳理与探究

1. 漳州布袋木偶戏可以拟人、拟神鬼、拟动物，请你根据收集到的资料及图片，选择一个你喜欢的人物（或神鬼，或动物），为他（它）设计一个木偶造型（画在下页），把你的创意说给家人听听，征求他们的意见。

2. 请你和父母合作，利用家中的旧衣服、旧布料等做出这个布袋木偶。（过于复杂精细的环节可以省略，能做出大致的造型即可）

3. 尝试用你所做的布袋木偶表演。

知识补给站

1. 中国传统的木偶戏，可分木偶的傀儡戏和皮偶的皮影戏两种不同的表演形态。近代闽南布袋戏以漳州地区的布袋戏最具代表性。

2. 布袋木偶戏表演细腻、栩栩如生。用五指操纵木偶进行的表演，既能体现人戏的唱、念、做、打，以至于喜、怒、哀、乐的感情，又能表演一些人戏难以体现的动作，是一种具有高超技艺、精美造型和独特风格的木偶剧种。

唱出心声的歌

以戏剧为基本，以音乐为灵魂，以舞蹈为重要表现手段，通过音乐、舞蹈、戏剧三大元素的整合来讲述故事、刻画人物、传达概念，这种特殊的艺术形式，就是音乐剧。在一部音乐剧中，主人公会有许多表现形象的“歌唱”，通过歌唱来抒发内心，他们唱出了怎样的心声呢？一起来感受吧！

活动过程

活动项目：欣赏音乐剧

活动场所：家中或图书馆、剧院

活动时长：30 分钟

活动流程：

观赏《冰雪奇缘》电影音乐剧小片段，感受音乐剧的魅力，提高对音乐剧的兴趣。

体会歌曲 *Let It Go*（《随它吧》）表达的情感，体会乐曲中表达的勇敢、自信、向上。

学唱 *Let It Go*（《随它吧》），和小伙伴唱一唱、演一演。

学习过程

学习目标：

1. 搜集整理相关资料，欣赏音乐剧片段，感受音乐剧表演的魅力。
2. 感悟音乐剧整合歌舞、戏剧等来讲故事的艺术魅力。

学习项目：

【项目作业一】阅读与鉴赏

材料一：

《冰雪奇缘》是大家极为熟悉、喜欢的动画片，相信有很多女生也拥有一条冰雪女王艾莎的蓝色裙子吧！但，你们看过《冰雪奇缘》的音乐剧吗？真人出演，精彩异常哦！在音乐剧中，也出现了最为经典的唱段 *Let It Go*（《随它吧》）。当这首歌与画面、动作、场景和悠扬的音乐统一起来的时候，强烈地表达出了人物的追求与情感，让人心潮澎湃。你甚至不用知道剧情，不用了解这是什么人物，只看这 3 分钟的精彩演绎，就能够达到震撼的效果。冰雪女王艾莎离开自己的国家后，试着用自己掌握的魔力在风中载歌载舞，凭空舞出了一座如水晶般耀眼夺目的冰雪城堡，那鲜艳欲滴的色彩、晶莹剔透的质感、辉煌壮观的场景，配上充满情绪张力的居尔特风歌声，让我们深深地感受到爱的力量。

材料二：

《随它吧》歌词

做好女孩　就像你的从前
躲藏　不让他们看见
已被发现
随它吧　随它吧
回头已没有办法
随它吧　随它吧
一转身不再牵挂
我不管　他们想说的话
任风吹雨打
反正冰天雪地我也不怕
这一点点的距离　让一切变静止
曾经困扰我的恐惧　会远离我回忆

1. 提取信息：音乐剧表演融合了音乐、舞蹈、剧情、动作等。在一部戏剧中，音乐起到了怎样的作用呢？

____

____

2. 评价鉴赏：《随它吧》这首歌早已家喻户晓，大家都能张口就唱。看看材料二中的歌词，猜猜：此时的冰雪女王在想什么？这首歌表达了她怎样的心情？

____

____

____

____

★阅读推荐★

艺术表演：电影《音乐之声》、音乐剧《灰姑娘》《猫》

纪录片：《走进歌剧》

书籍：《奇幻音乐剧》（［美］苏珊·哈根·尼普、［美］帕姆·康恩·比尔/编著　印姗姗/译）

【项目作业二】表达与交流

1. 和家人一起选一部音乐剧看看，比如，《灰姑娘》《小王子》等。和家人讨论剧情，说说你最喜欢的角色是哪个。

2. 刚才观看的剧目中，哪一个唱段让你印象最深刻？吸引你的原因是什么呢？试着向大家介绍这个片段。

____

____

【项目作业三】梳理与探究

1. 下面是五部音乐剧的剧目，看图猜一猜，把剧目和海报连一连。

狮子王　　音乐之声　　基督山伯爵　　猫　　小王子

2. 选择《音乐之声》的一个小唱段，和小伙伴一起找一块舒服的大草地，围坐在一起唱一唱！

知识补给站

1. 音乐剧形式多样、通俗易懂：音乐剧是一种大众娱乐型艺术。包含了唱歌、跳舞、表演，还有绚丽的灯光效果和神奇的舞台机关，相比于其他剧场艺术，如歌剧、话剧、舞蹈等应该更容易使观众有亲切感。历史、政治、法律、人文……这些题材，也逐渐在音乐剧中演绎。

2. 音乐剧经过一个多世纪的发展，已经成为一种具有独特艺术魅力且生命力很强的剧种。走进剧院，观看《悲惨世界》《我，堂吉诃德》《巴黎圣母院》音乐剧，只需两三个小时就能感悟到名篇巨著的精华！

“京味”四合院

同学们，说起中国真正的“豪宅”，那非北京的四合院莫属！四合院是汉族一种传统的合院式建筑，其格局是一个庭院四周建有屋子，将院子合围在中间，气派得很！它不仅仅是住所，更凝聚着丰富的历史文化内涵。让我们一起走进四合院，去欣赏这浓郁的“京味”建筑吧！

活动过程

活动项目：了解四合院

活动场所：图书馆、四合院（有条件可前往）或者家中

活动时长：30 分钟

活动流程：

查找四合院的相关资料，了解四合院的种类，思考每种四合院像什么汉字。

观察你感兴趣的四合院的大门，思考它和住宅主人的身份有什么关系。

观察四合院的影壁，说说你的感想。

学习目标：

1. 能对艺术产生兴趣，欣赏中国传统四合院式建筑的围合之美、装饰之美。

2. 能利用多种信息渠道获取资料，体会“四合院”和谐共生、尊卑有序的文化内涵。

学习项目：

【项目作业一】阅读与鉴赏

材料一：

北京四合院设计体现传统文化，蕴藏着“天人合一”的思想。四面房屋关上门时各自独立，但院内四面房门都开向中心庭院。开门后，四面房屋通过庭院和中轴甬道相通，营造了圆融和睦的氛围。一家人相亲相爱，其乐融融，可在院子里赏花植树、逗鸟喂鱼，尽享生活的乐趣。

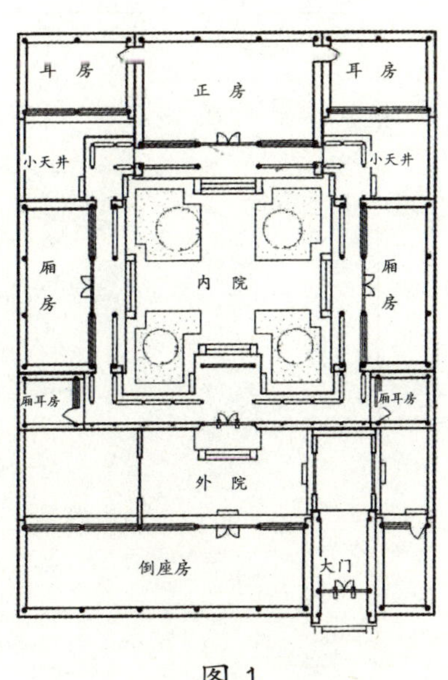

图 1

北京四合院设计也体现了封建礼法，居住房屋的分配也是规矩颇多的。内宅中位置最优渥的是北面正房，这是给老爷、太太居住的。堂屋是家人起居、招待亲戚或过年节时祭祖的地方，两边多做卧室或书房。东西两侧的卧室也有尊卑区别，东侧为尊，西侧为卑。东西厢房则由晚辈居住，长子住东边，次子住西边。有的会将偏南侧的一间用来做厨房或餐厅，南屋是客厅或书房。

材料二：

四合院的院子中央常常都会摆上一个或者数个很大的鱼缸。如果更讲究气派的，会把鱼缸换成人工砌成的水池，再辅以假山叠石，使院子颇具几分江南园林之色。

院内还有各种各样的树木、花草。选择这些花草树木时，老北京人很有讲究。院中常见的树种有石榴、枣树、槐树、海棠、玉兰；常见的花草则有草茉莉、凤仙花、牵牛花、扁豆花等。

1. 理解推断：请阅读材料一，谈谈你是怎么理解四合院中的“四”和“合”的。

____

____

2. 创造计划：假如你化身成图 1 那户人家的远房亲戚，你要去给这户人家的老爷、大少爷和二少爷问好。请你结合材料一，画出拜访路线。

3. 理解寓意：四合院内常种花草都有各自寓意。请你阅读材料二，再查找相关资料，了解四合院中常种花草树木所代表的寓意。

____

____

4. 创造生成：请结合材料二设计布置图 1 四合院内院的绿化摆放，并将所想画在下面。（树、花可用名字代替画图）

★阅读推荐★

书籍：《四合院里的小时候》（谢小振 / 文、图）

《牡丹小仙人》（保冬妮 / 著　杜凌云 / 绘）

【项目作业二】表达与交流

1. 观察下面几幅图案，和父母或同学交流：为什么蝙蝠、寿字、月季、松竹梅等图样会出现在老北京四合院的雕饰中？它们有何寓意？将交流的结果写下来。

月季

蝙蝠 寿字

梅花

其他雕饰

____

____

____

____

2. 请你当个小讲解员，把你觉得老北京四合院最有意思的地方介绍给他人，可以是历史、生活在其中的故事、布局、装饰……请你查阅资料，完成150字左右的讲解稿吧！完成后，和同学或朋友说说，听听他们的评价。

注意：把所选的内容说清楚；语句要通顺、亲切；可以运用说明方法。

____

____

____

____

【项目作业三】梳理与探究

1. 生活在四合院的家人们往往因为近在咫尺，走动频繁，所以关系紧密。但随着时代变迁，现在我们都纷纷搬进各自的单元房里。你认为该如何维系和未能一起居住的亲人的关系呢？请你以表格的形式罗列出来，并选择一种方法马上行动起来吧！

<table>
<tr><th>未能一起居住的亲人</th><th>维系关系的方法</th></tr>
<tr><td rowspan="2"></td><td></td></tr>
<tr><td></td></tr>
<tr><td rowspan="2"></td><td></td></tr>
<tr><td></td></tr>
</table>

2. 结合老北京四合院的建筑特点，我们也来当个小小建筑师。请你用彩泥、积木等材料，设计并创作一个立体的“四合院”作品，完成后可以和家人、朋友说说你的设计思路。

乐高拼接

积木搭建

彩泥制作

木棒粘贴

知识补给站

1. 有名的四合院：恭王府、礼王府、鲁迅故居、茅盾故居等。

2. 老北京正规的四合院的特点：一般建在东西走向的胡同里，坐北朝南；四合院的大门辟于宅院东南角巽位，四合院四周的房间通常有北房3间正房、2间耳房，东西厢房各有3间，南边不算大门4间；中间有一个宽阔的庭院，庭院供植树栽花、逗鸟养鱼之用。

园林中的造梦空间

“江山无限景，都聚一亭中。”亭子作为古典园林中最常见的赏景建筑，是各园林的“标配”，多建于路旁或水旁供人休息、乘凉或观景用，在园林中起到画龙点睛的作用。园林美景那么多，何不放慢脚步，去共织一场关于美景的梦，欣赏“亭”下来的美……

活动过程

活动项目：认识凉亭，感受凉亭之美

活动场所：公园、图书馆、小区、园林景观

活动时长：30 分钟

活动流程：

拍摄并观察亭子的屋顶，查找相关资料，了解其类型。

默读亭子上留下的墨宝，思考它和亭子有何关系。

在亭内观景，向他人描绘你所看到的美景。

学习目标：

1. 能对艺术产生兴趣，欣赏凉亭的造型美。

2. 能运用多种方法了解凉亭的价值及文化内涵。

学习项目：

【项目作业一】阅读与鉴赏

材料一：

相较于其他类型的建筑，亭更注重单体造型的美。亭的造型多样，除了常见的长方形、圆形、六角形、方形等简洁规则的形式外，还有一些特殊的形式，如三角亭、五角亭、扇面亭、梅花亭、海棠亭，以及由两种以上形状组合的组合亭等，看上去千变万化。亭的屋顶形式更是多样，几乎囊括了中国建筑所有屋顶形式，最多的是各种攒尖顶，如圆攒尖、方攒尖、六角攒尖等，还有庑殿顶、歇山顶、悬山顶、十字脊以及重檐屋顶等。为了突出视觉效果，也出于审美需要，亭屋顶的坡度通常比较大。此外，亭顶的装饰也很丰富，有形态各异的宝顶和复杂华丽的脊饰等。

图 1　十大名亭之一——醉翁亭

材料二：

丰乐亭游春·其三

［宋］欧阳修

红树青山日欲斜，长郊草色绿无涯。

游人不管春将老，来往亭前踏落花。

1. 理解分类：结合材料一，查找相关资料，思考图 1 的亭子造型和屋顶造型分别属于哪种类型。

____

2. 评价鉴赏：阅读材料二，春日郊游时，在这样一凉亭里歇脚，欧阳修会看到怎样的美景呢？请你将他看到的美景用自己的话写下来吧！

____

____

____

3. 创意运用：亭子除了具有实用价值外，有时还因纪念帝王或名人而建，寄托着人们的情感。请从下列亭子的名字推测亭子为怀念谁而建造。

湖南　独醒亭

（　　　　）

成都　草堂亭

（　　　　）

★阅读推荐★

绘本：《园丁鸟的秘密》（铃木守 / 文、图　肖潇 / 译）

【项目作业二】表达与交流

1. 小明爸爸准备组织一次 8 人左右的游赏活动，地点就定在杭州西湖公园的湖心亭内，请你和伙伴们交流讨论：可以围绕着亭子举办哪些主题活动呢？

____

____

2. 你在自己所居住的城市的哪里见过凉亭呢？请你再次动身前往那里，驻足观察凉亭周围的人、景、事。用一段文字有序、清楚地将它描绘出来！（100 字左右）

____

____

____

____

____

【项目作业三】梳理与探究

1. 如果学校打算修建一处凉亭，你会有什么建议呢？请你根据学校的布局，为学校设计一处凉亭，把你的设计图画下来，并为它取个名字吧。请在后面附上一段简单的设计说明。

2. 很多古代文豪都与亭结下了不解之缘，他们不但写诗，还为亭子取了寓意深刻的名字、题了贴切的楹联。请你诵读下列题写在爱晚亭上的楹联，体会亭的内在文化之美吧！

无限夕阳千树叶

四围空翠一亭山

——秦瀛

夕阳虽好近黄昏，白日依山，莫若晨曦出海

秋气从来多肃煞，丹枫如画，何如红芍飘香

——佚名

知识补给站

1. 醉翁亭：由琅琊寺僧智地建于北宋庆历六年（1046），宋代文学家欧阳修被贬至滁州任太守时，常来亭中饮酒赋诗，“饮少辄醉”，故名“醉翁亭”，并撰写出千古名篇《醉翁亭记》。琅琊山花木掩映，又有醉翁亭点缀其间，后来吸引了大量游人。

2. 中国十大名亭：兰亭、沉香亭、醉翁亭、沧浪亭、翠微亭、湖心亭、历下亭、陶然亭、真趣亭、爱晚亭。

屋顶上的天外飞仙——飞檐

飞檐，是中国传统建筑檐部形式。它指的是屋檐或檐部向上翘起，呈欲腾空之势，灵动却不失威严，彰显古代建筑独特的美。作为中国特有的建筑结构，飞檐早在秦汉时期就已经出现雏形。在许多古建筑中，飞檐往往也是地位的象征。

让我们走近这“屋顶上的天外飞仙”吧！

活动过程

活动项目：认识飞檐，在古建筑中感受飞檐设计的精妙

活动场所：户外、博物馆

活动时长：30 分钟

活动流程：

查找飞檐产生的历史背景；了解飞檐的形制以及用途。

观察各种不同形态的飞檐在线条、图腾等方面的特点，猜测飞檐的用途，感受飞檐设计的精妙。

选择一个你最感兴趣的飞檐形态，尝试画一画，并和家人、朋友交流它的美。

学习过程

学习目标：

1. 能对艺术产生兴趣，欣赏飞檐的精妙设计。

2. 能利用多种信息渠道获取资料，了解飞檐的用途以及包含的文化意蕴。

学习项目：

【项目作业一】阅读与鉴赏

材料一：

中国古建筑的神来之笔——飞檐

飞檐是中国传统建筑檐部形式。常见于亭、台、楼、阁、宫殿、庙宇等建筑的屋顶转角处，四个角向上翘起，向外延伸，样子像大鹏展翅一般，形制轻盈灵动，线条柔美，“增之一分则太长，减之一分则太短”，因此也得名“飞檐翘角”。飞檐设计构图巧妙，往往雕刻精美的避邪祈福灵兽，如麒麟、飞鹤、锦鲤等，造型优美，给人们以赏心悦目的享受。

但是这些翘起的檐角，不只是为了建筑的美观。由于我国古代建筑主要由木质材料构成，木头最大的缺点就是沾水易腐烂，而为了不让木头沾水，避免受到风吹日晒而产生裂纹，或者发生倾斜而危害整个建筑物的安全，将房檐向外伸出去来遮挡主建筑物。檐角翘起，将屋顶翻成曲面，是为了在雨天的时候，让雨水沿着曲面的屋顶，顺流而下抛向远处，从而避免雨滴落地四溅的情况。

到了冬天，檐角的翘起则会增大室内采光面积，增加透射进屋里的光线，使屋子更温暖。翘起的飞檐像展翅高飞的雄鹰，因此还寄托家人可飞黄腾达的美好愿望。

其实，飞檐作为中国古建筑风格的表现之一，檐部“四个角向上翘起，向外延伸”的这种特殊处理和创造，在扩大采光面的同时，还有利于排泄雨水，同时又增一分向上的动感，仿佛是一股气将屋檐向上托举。

飞檐的形制构架十分丰富。有的平直向外伸出，呈现威严肃穆的庄重；有的则是往上挑起，呈现灵动飞跃的动感；有的则是低垂向下，呈现朴实简约的素雅美。不同的形制呈现出不同的视觉美感。明代的袁可立这样夸赞飞檐：“谛观之，飞檐列栋，丹垩粉黛，莫不具焉。”可见，在古代飞檐的形制构架就已经如鬼斧神工般，具有极高的艺术欣赏价值。

材料二：

图1（陈玲玲／摄）

图2（陈玲玲／摄）

1. 比较分析：阅读材料一和材料二，对比材料二图1和图2所示的飞檐在形制上有何异同。

______

______

2. 评价鉴赏：材料二中的飞檐，无论是从色彩还是线条、图腾等方面，都体现了飞檐设计的精巧和美观，请结合材料一选择一个角度进行赏析。（至少写两点）

3. 创意运用：你认为飞檐的设计在今天丰富的建筑风格中是否还有保存的必要？说说你的理由。

★阅读推荐★

书籍：《斗拱飞檐画古建》（连达 / 著）

【项目作业二】表达与交流

1. 以下分别是南方飞檐和北方飞檐的代表建筑，请仔细观察，试着从样子、线条、图腾等方面跟家人或朋友说一说南、北方飞檐设计的差异。

南方古建筑中的飞檐

北方古建筑中的飞檐

2. 以下是小连同学在“飞檐”主题展览上展出的两幅画，请你仔细欣赏，为她的画作补上相关的介绍名片，并为她的画作写一句推荐语，吸引更多观赏者。

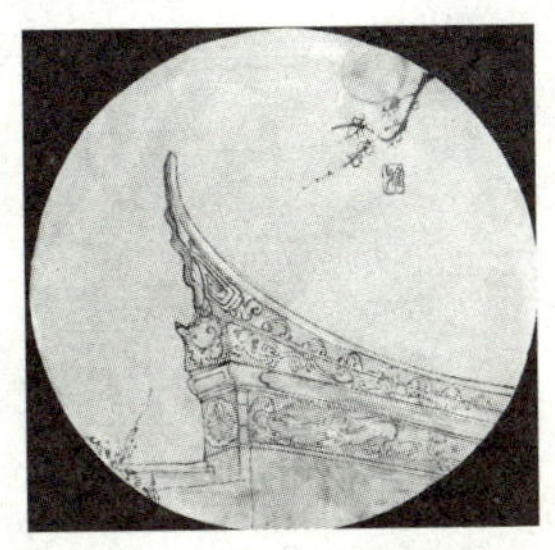

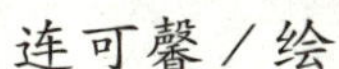

连可馨／绘

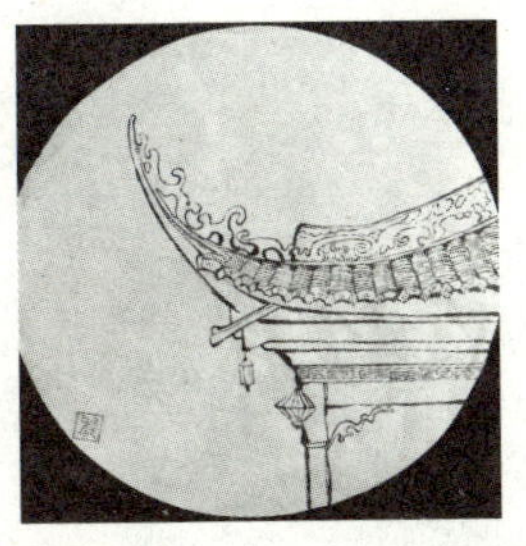

连可馨／绘

【名称】飞檐翘角

【地区】

【特点】

【作用】

【推荐语】

【项目作业三】梳理与探究

查找相关资料并思考：飞檐翘角在当今社会都应用在哪些领域？把你的思考写下来吧！

知识补给站

1. 飞檐向外和向上翘起的屋角，使得原本体形较为庞大的古建筑减了一分沉重，增了一分动态。其次，扩大了采光面，在雨水充足的南方，还起到了利于排水的作用。

（陈玲玲 / 摄）

（陈玲玲 / 摄）

2. 飞檐并不是自古以来就有，而是在斗拱的基础上发展而来的，是建立在古代劳动人民不断总结建筑技术与经验的基础上，并在文化交流融合中逐渐形成的。飞檐翘角可以使得屋顶看起来不那么笨重。翘起的屋檐向上呈圆弧形，也是古代天圆理念的象征。

板上“不钉钉”

棒卯，被誉为古代的“螺丝钉”，不需一滴胶水，不需一颗钉子，就能将木块拼接，且随时可拆，随时可装，被称为“中国乐高”。作为中国木工的独门绝技，榫卯暗藏天机，蕴藏着古人的智慧。让我们了解榫卯的结构特点，感受其神奇的设计。

活动过程

活动项目：认识榫卯结构，感受榫卯结构的神奇

活动场所：家中、有木质古建筑的地方

活动时长：30 分钟

活动流程：

查找含有榫卯结构的古建筑资料，了解什么是榫卯结构。

利用榫卯结构的特点，拆装孔明锁，体会榫卯结构“咬合的精妙”。

观察榫卯结构咬合的方式，与家人和朋友交流榫卯结构在古建筑中的广泛运用。

学习过程

学习目标：

1. 能对艺术产生兴趣，感受榫卯的神奇。

2. 能利用多种信息渠道获取资料，了解榫卯的应用与传承。

学习项目：

【项目作业一】阅读与鉴赏

材料一：

初识榫卯

榫卯其实是榫和卯的组合，指的是两个木构件连接时所采用的一种凹凸结合的连接方式。其中，凸出部分称为“榫”，凹进的部分称为“卯”，榫和卯互相咬合，连接非常紧密。

古人说：“榫为阳，卯为阴，阴阳相生外观四称，含而不露；内蕴阴阳相生相克，以制为衡。”古老的木制建筑，何尝不是蕴藏着道家思想呢？不需打洞穿孔，不需一颗螺丝钉，没有风化生锈的风险，遵循自然规律。

从中国古典建筑榫与卯的接合中，我们能感受到其既互避互让，又相辅相成的特点，这也是阴阳调适、动静结合、刚柔并济的象征，是中华文化天人合一思想的最好体现。

材料二：

明榫：制作好家具之后，在家具的表面能看到榫头的称为明榫。明榫多用在桌案板面的四框和柜子的门框处。

暗榫：制作好家具之后，在家具的表面看不到榫头的称为暗榫，也称“闷榫”。暗榫的形式多种多样，就直材角结合而言，就有单闷榫和双闷榫之分。明式太师椅和靠椅的椅背搭脑及扶手的转角处常用暗榫。

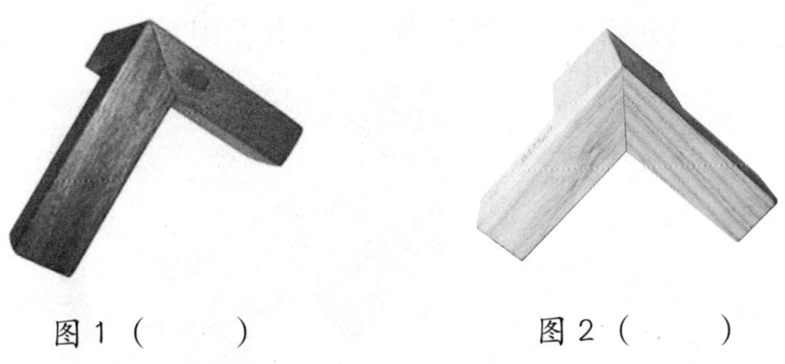

图 1（　　）　　图 2（　　）

1. 比较分析：阅读材料二，在材料二的括号中填入对应的榫卯类型，并将你的辨别过程写下来。

____

____

2. 创意运用：在今天工业和科技发达的社会中，你认为是否有必要延续榫卯工艺？（至少写两点）

____

____

3. 评价鉴赏：结合材料一和材料二，和小伙伴说一说你所发现的榫卯结构中蕴含的中华文化，并把你说的写下来。（至少写两点）

____

____

★阅读推荐★

书籍：《榫卯的魅力》（张瑶 / 主编）

纪录片：《榫卯》

【项目作业二】表达与交流

1. 仔细观察以下榫卯结构图与实物图，并结合后文中“知识补给站”的资料，向爸爸妈妈介绍图中实物的榫卯类型和作用。

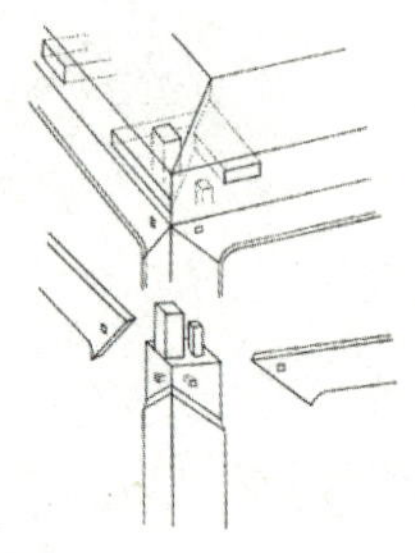

____

____

2. 结合材料和自己的观察，写一写“榫卯结构”对比铁钉的优势，从以下选择一个角度点评，把想到的写下来。

（1）稳定性；（2）美观度。

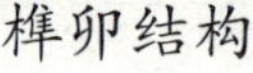

榫卯结构

____

____

【项目作业三】梳理与探究

1. 榫卯结构在今天被广泛运用于各个领域。请你找一找目前仍使用榫卯工艺的物件，并将其照片贴在下面。

2. 根据榫卯结构的特点，设计一张建筑艺术小报，以图文并茂的形式让更多人体会榫卯结构的神奇魅力。

知识补给站

常见的榫卯结构图

斜角榫——应用部位：木框内嵌装的薄型牙子，双肩斜面结合

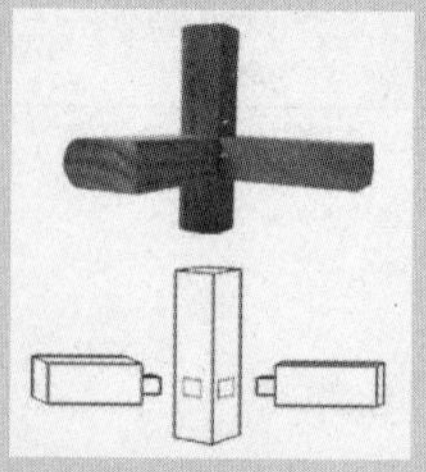

斜角榫

挂 榫——应用部位：脚架，用榫槽卡接斜角结合

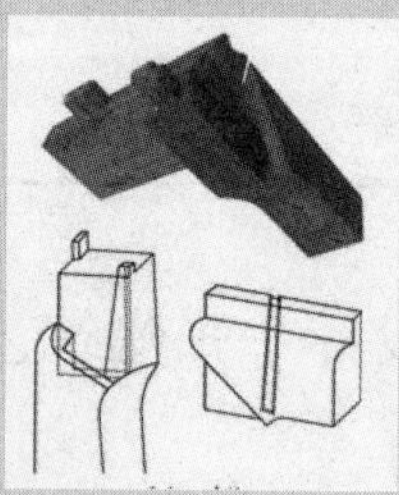

挂 榫

长短榫——应用部位：脚架与面板间的接合，用双榫加固上部木框的接合，用短榫是为了不伤上框的榫头。

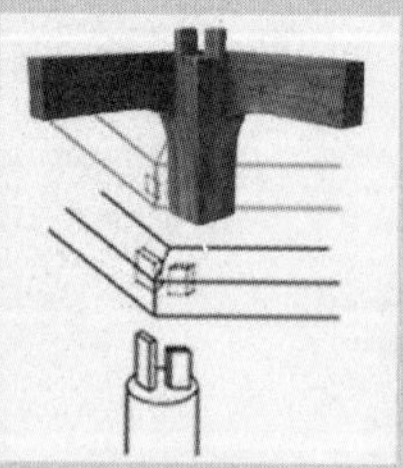

长短榫

参考答案

探秘“风筝”

【项目作业一】阅读与鉴赏

1.这幅绘画作品人物神态怡然自得，一人托举风筝，一人放线，配合默契，侧重表现孩童们放风筝的喜悦。

2.因为风筝借助风才能飞向蓝天，飞上天后被风一吹，能发出如筝如琴的声音，所以才得名“风筝”。

3.诗人写风筝，实则在写自己如同风筝一样，看似光鲜无比、声音悠扬，却无法把握自己的命运，只是随风飘舞，任由风儿吹出曲调。诗句后两句看似在写风筝乐声曲调多变，实际上是要表达朝廷对自己态度的多变和自己的无奈之情。

【项目作业二】表达与交流

1.图中风筝整体形状为一条鱼，两侧是莲花，莲是连的谐音，鱼是余的谐音，寓意连年有余，生活富足。

2.答案略。

【项目作业三】梳理与探究

1.我的猜测：略（有依据即可）。

我查的资料：相传，墨翟研制三年，用木头制成木鸟，这是人类最早的风筝起源。后来，鲁班在墨翟的基础上，对风筝材质进行了改造，开始使用竹子。坊间开始以纸做风筝，是在东汉蔡伦改进造纸术后，这样的风筝称为“纸鸢”。

2.开放性题目，重在“创新”。

示例：我想把剪纸艺术和风筝结合起来，在风筝上糊上剪纸作品，放飞到天空中，变成剪纸风筝；还想在风筝上安装摄像头，另一端连接手机，风筝在天上飞的时候就可以实时向地面传送空中视角的美景。

大器"玩"成

【项目作业一】阅读与鉴赏

1.①滚铁环玩具制作起来比较复杂，需要许多工具。②玩滚铁环也不容易，需要保持平衡，不能心急，否则就成功不了。

2.一个孩子手中握着绳子牵引着身后的鸠车向前，后面的孩子挥舞着枝条催着鸠车前进。

3.答案略。

【项目作业二】表达与交流

1.答案略。

2.

名称	材质	玩法
骑竹马	竹竿或木棍	手握竹竿一端，一手挥鞭，大声吆喝，胯下的竹竿就随着孩子蹦跳的马步往前移动。
抽陀螺	实心木头	用鞭子抽打，使它快速旋转。
踢毽子	羽毛	用脚交替踢起毽子，使其不落在地上。

"小人书"的世界

【项目作业一】阅读与鉴赏

1.从内容上看，《黄继光》的每幅图画呈现的故事内容具有连续性；从形式上看，每幅图片都配有简单的文字说明。

2.答案略。

3.连环画中黄继光人物刻画成功的原因在于：一是人物神态刻画逼真，黄继光忍痛完成上级任务的坚毅、顽强跃然纸上；二是人物动作形象生动，黄继光负伤、扔手榴弹的动作和现实生活中的人物动作并无二致。

4.答案略。

【项目作业二】表达与交流

1.提示：可以问父母“印象最深刻的连环画是什么？为什么？”等问题。能将从父母那儿得到的有关连环画的信息表达清楚、完整即可。

2.因为这两本连环画都真实地反映了当时的时代风貌、人们生存状态，容易引起读者共鸣。《三毛流浪记》讽刺、揭露了当时社会的黑暗现象，引发人们关注、同情流浪儿童；《小兵张嘎》塑造了一位机智勇敢的小英雄形象，令人崇拜。

能吃的画

【项目作业一】阅读与鉴赏

1.不用笔墨，以勺为笔，以糖为墨，不用底稿，直接绘制；绘制速度极快；铲糖很有技巧；糖画惟妙惟肖。

2.图1是糖画，用糖液为墨，铜勺为笔，线条流畅，勾连一气呵成；图2是水墨画，是毛笔蘸墨绘制而成，墨色浓淡变化，线条流畅不勾连。

3.糖画可观可食，非常好吃，快来尝尝吧！（仅供参考）

【项目作业二】表达与交流

1.不同意。糖画艺人经过长时间反复练习练就了一身精湛的绘制手艺，孩子们观看糖画师傅绘制的过程也是一种美的享受；因为是手工制作，每一次绘制都是一次全新的创作，每一幅糖画都是独一无二的。糖画机器批量生产，每一个都一模一样，虽像但没有灵魂。

如同意，言之成理即可。

2.从学习和生活上都要学会把握分寸、过犹不及的道理切入，结合实际例子展开写。

【项目作业三】梳理与探究

1.糖画可以观赏、可以品尝；转盘的使用，方法新鲜，能吸引顾客；图案都是人们喜闻乐见的动物，还与时俱进加入了现在孩子们喜欢的小猪佩奇和枪。

2.加入孩子们喜欢的图案；扔飞镖选图案；加入“再来一个”等。

柔和典雅的箫

【项目作业一】阅读与鉴赏

1.材料三中仕女分别吹奏的乐器是笛子和箫。笛子是横吹，箫是竖吹；笛子有孔膜，箫无孔膜。

2.提示：复述时，抓住文中的主要人物和事件，忽略次要信息。

示例：秦穆公的女儿弄玉擅长吹笙，她发现一名叫萧史的男子吹箫能与她相和。后来，弄玉与萧史结为夫妻，两人十分恩爱。有一夜，夫妻正在月下合奏，一对金龙彩凤落在凤台上，夫妻俩乘上龙和凤飞走了。“吹箫引凤”的故事从此广为流传。

【项目作业二】表达与交流

1.我仿佛看到初冬雾晨，梅花在梅枝上笑着，像极了美丽的女子。一株红梅透过绿芽，披着风雪肆意绽放，笑着迎接春天的到来。

2.《梅花三弄》这首曲子同样的曲调反复演奏了三次。最初的节奏显得低沉，表现梅花迎来寒冬的低落；第二次表现梅花在寒冬中傲放，不畏严寒；第三次有一种很欢乐的氛围，寒冬万木凋零，只有梅花迎寒而立，表现了梅花凌寒傲雪的精神境界。

【项目作业三】梳理与探究

1.还有一种水晶材料做的箫，外观透明，看起来精美漂亮。

2.“玉屏箫”精致的雕刻和精美的书法展现了中国传统文化的精髓，因此被外国友人大加赞赏。

交响乐队中的首席

【项目作业一】阅读与鉴赏

1.（1）外形特点：小提琴的外形像一个葫芦，大多数是木制的，有四根弦。（2）音色特点：音色丰满、悦耳动听。（3）演奏特点：左手按小提琴琴颈的弦，右手拉奏。

2.亲爱的顾客朋友：

小提琴要学会保养，使用寿命才能增加，琴的音色才能保持圆润。特别要注意以下几点：（1）要存放在空气湿度适中的环境里，不能太干燥，也不能太潮湿，还要避免阳光直射。（2）要将琴弦拧松，用完小提琴后，放回琴箱，立着放，琴头朝上。（3）请经常用松香擦拭小提琴。（4）经常用干净、柔软的布擦拭琴体，以免灰尘影响音质。

【项目作业二】表达与交流

1.可以边听小提琴曲边想象梁山伯与祝英台互相喜欢的画面；想象两人分别的画面；想象楼台相会倾诉衷肠的画面。这些旋律背后蕴含了他们之间深深相爱的情感。

2.我家的小提琴用红木制作琴身，很上档次；琴头上的四根弦有韧性，不容易断裂；我们还保养全包，免费送松香。快来看，快来买呀！

【项目作业三】梳理与探究

音乐剧名称	剧情构思	角色分工
《梁祝比翼双飞》	梁山伯病逝后，祝英台要求迎亲队伍经过南山，并下轿拜祭梁山伯。梁山伯的坟墓裂开一道缝，祝英台奋不顾身地跳进去，坟墓又合上了。不久，坟墓里飞出一对形影相随的蝴蝶。	梁山伯 祝英台 马文才 迎亲人员等

舞从敦煌来

【项目作业一】阅读与鉴赏

1.（1）外在的形式美。敦煌舞展现出舞者身体的灵活性、柔韧性，强调曲线美。（2）意境美。敦煌舞造型十分注重营造意境美，还传承了中国古代讲求对称和谐的审美观。

2.（1）敦煌舞可以在舞蹈方式上进行创新，融合其他元素进行创作，如敦煌舞蹈和体操的融合。（2）敦煌舞蹈还可以在舞台效果上进行创新，利用现代技术，更加生动地呈现敦煌舞的独特魅力。

【项目作业二】表达与交流

1.《丝路花雨》的故事发生在唐代丝绸之路上，画工神笔张救起了被困在沙漠里的波斯商人伊努斯。在回家的路上，神笔张的女儿英娘被强盗掳走。几年后，神笔张终于在敦煌集市上找到女儿，此时的英娘为百戏班子的歌舞伎。伊努斯仗义疏财，解救出了英娘。之后，伊努斯率商队使唐，市令和百戏班子班主窦虎企图拦截商队，神笔张危难之时点燃了烽火救下商队，自己却牺牲了。最终，英娘和伊努斯为神笔张报仇雪恨，丝绸之路再次恢复安定。（仅供参考）

2.英娘身穿红裙、腰系绿带，手中拿着长绸。她时而单腿支撑，膝盖弯曲，胯部前移；时而另一只腿上抬，一只手向上托起，另一只手在胯部保持弧形，形成S型三道弯；时而一只腿向前踢，双手后仰，作飞天姿势。（供参考）

【项目作业三】梳理与探究

1.③②①

2.答案略。

最爱中国福

【项目作业一】阅读与鉴赏

1.对于农民来说，有自己的土地，春种秋收，风调雨顺，丰衣足食就是福；对于商人来说，钱财满满就是福；对文人学士来说，十年寒窗苦读，能够“金榜题名”，那就是最大的“福”。

2.《百福图》里的“福”字，不难看出，是在篆体的基础上进行字体异形。它的珍贵之处在于每个字各有千秋、字体各异、无一雷同。我们平时书写的主要是楷体字，楷体字讲究端正平稳，大方饱满。两者字体不同，因此我们平时书写的“福”字与《百福图》的字体很不一样。

【项目作业二】表达与交流

1.可根据自己喜欢的楷书字体，说出对应字体的笔画、结构特点。

图1：字体方圆兼施，以方为主，笔画劲挺，严谨工整，具有朴素之美。

图2：笔画比较方正工整，字体结构端庄严谨，横细竖粗。

图3：笔画较为秀丽，字体结构间架均匀瘦硬。

图4：笔画圆润饱满、流畅，结构匀称优雅，严谨端和。

2.“福”字含有四种寓意：一是“寿”，即长寿，长命百岁；二是“富贵”，即财多物丰；三是“康宁”，即健康无疾患；四是“德厚”，即德善有道。

根据自己的实际情况，写出对生活或学习的美好愿景即可。

【项目作业三】梳理与探究

1.“福”字在甲骨文中是“两手捧酒浇于祭台之上”的会意字，最原始的含义是“向上天祈求”。

2.“福”字具有吉祥的寓意。（仅供参考）

折扇翩翩沁墨香

【项目作业一】阅读与鉴赏

1.材料一讲述了折扇的别名以及古人喜爱折扇的原因。

材料二讲述了王羲之在扇面上题字，帮助了老婆婆。

2.折扇与团扇的最大不同是：折扇可以折叠，团扇不可以折叠。

相同点：折扇和团扇，都是中国传统文化的载体，折射出传统文化的丰富多彩。

【项目作业二】表达与交流

1.折扇扇面文字的书写格式有两种：（1）横式：字数少的宜用横式，从右至左，注意弧形排列，正文位置居中，落款一般在左下方。（2）竖式：字数多的宜用竖式，从上至下，从右至左，注意列与列之间字数变化的节奏感，正文位置靠上，落款一般在左下方。

最大的不同之处便是——横式是字数少；竖式是字数多。

2.图3所示的是常见的书法作品，其文字书写习惯是从右至左，直线排列，讲究整体整洁大方。

图4所示的折扇作品，扇面上的文字书写习惯是从右至左，弧形排列，并注意了列与列之间字数变化的节奏感。

【项目作业三】梳理与探究

1.图7的折扇作品更合适。

理由：图7的折扇作品，整体做到了文字排列呈弧形；方向朝扇柄；位置靠中上；间距均匀；大小适当，符合折扇的格式要求，因此它更为合适。

2.答案略。

书法结构独特的美

【项目作业一】阅读与鉴赏

1.材料一：峻拔一角、潜虚半腹、间合间开、隔仰隔覆、回互留放、变换垂缩。材料二："排叠"法、"避就"法。

2."排叠"法：就是书写时，根据每个字的点画多少和长短安排好体形大小与疏密，使其匀称停当，阔狭适度。

"避就"法：就是使字体结构的疏密、险易、远近，彼此变化得当，映带合宜。

相同之处：讲究字体结构的疏密程度。

不同之处："排叠"法讲究字形大小匀称，宽窄适度；"避就"法讲究字体结构间隔距离的变化。

【项目作业二】表达与交流

1.图1：端正平稳；图2：均衡对称；图3：疏密均匀。

2.这几种字体结构各具特色，告诉我们写字要遵循字体结构的特点。比如，楷书端正平稳，甲骨文疏密匀称，篆书对称有致，草书千变万化……平时我们主要是写楷书，但也讲究字体的端正平稳、疏密匀称。（仅供参考）

【项目作业三】梳理与探究

小篆字体，讲究均衡对称之美。空间分割均衡与对称是篆书的独特魅力。对称不仅存在于左右对称、上下对称，而且还存在于字的局部对称。

指上谈“戏”

【项目作业一】阅读与鉴赏

1.材料一与材料二提到的是提线木偶戏。

<table>
<tr><th>提线木偶构造包括哪些部分？</th><th>提线的数量与木偶的动态有什么关系？</th></tr>
<tr><td>1. 偶头</td><td rowspan="5">提线木偶线条繁多，操纵复杂，一尊提线木偶都有 16 条以上甚至达 30 多条纤细丝线。木偶提线长达 3 米 ~ 4 米，演员要把自己的意象和感觉，丝毫不差地传达为木偶有意味的动作。</td></tr>
<tr><td>2. 腹笼</td></tr>
<tr><td>3. 四肢</td></tr>
<tr><td>4. 提线</td></tr>
<tr><td>5. 线牌头</td></tr>
</table>

2.

“中国偶戏”档案

名称	别名	分布地区	表现形式
提线木偶	古称悬丝傀儡，闽南俗称嘉礼，又名线戏	福建泉州、陕西合阳	用丝弦来控制木偶的各种动作。
布袋木偶	掌中木偶戏	福建漳州、福建泉州	这种木偶的头部是中空的，头部下面有内口袋，通过针线的缝合连接四肢和外套。表演者的手掌深入内口袋中，通过五根手指操纵木偶进行表演，小手指和大拇指操纵木偶的双臂，其余手指控制木偶的头部和面部表情，表演出各种动作和表情，配合音乐和语言，达到娱乐的效果。
仗头木偶	古代称“杖头傀儡”	广东高州、四川南充、贵州石阡	在木偶头部及双手部位各装操纵杆，头部为主杆，双手为侧杆，演员操纵时手持主杆，右手持侧杆，举起木偶操纵其动作。
铁枝木偶	铁线木偶、阳窗纸影戏	广东省东部	靠三根铁枝操纵表演，主竿置于偶人背部中间，侧竿分置于左右两臂，由艺人在幕后操纵。

【项目作业三】梳理与探究

1.示例：

2.答案略。

有声电影的鼻祖

【项目作业一】阅读与鉴赏

1.皮影文化就是优秀传统文化其中一弦，它身上珍藏的历史印记数不胜数。它不但影响了地方戏曲的发展，还是中外文化交流的先驱，皮影戏鲜明的艺术特色为世界艺术家所青睐。

2.原因：（1）当今社会越来越多的娱乐方式使得皮影戏在人们心目中的地位一落千丈。（2）皮影复杂的制作工艺，成为它难以适应如今快节奏社会最大障碍。（3）皮影戏的传承主要靠家传、师传和随团学艺，而皮影戏演员练功苦、演出条件差、收入少，年轻人不愿学习，后继乏人。（4）许多老影戏箱、剧本、道具被商贩拉网式地收购走，不少已流失国外。皮影的雕刻也已转入工艺品市场，工艺程序都简化了，真正演出用的影人雕刻制作技艺面临失传……

3.对于这一传统文化即将失传的现状，我感觉很心痛，弘扬中华优秀传统文化，是时代赋予我们的历史责任。皮影文化就是中华优秀传统文化中的一弦，它身上珍藏的历史印记数不胜数，希望能传承和发扬皮影文化，有很多的人认识它、喜欢它、学习它！

【项目作业二】表达与交流

1.提示：绘声绘色讲故事，可以用上角色扮演、借助手势等方式讲。

2.建议：（1）改善皮影戏演员的演出条件，提高他们的收入，或许会吸引更多的年轻人来学习。（2）其次，将皮影戏文化引入校园活动中，用更新鲜有趣的方式吸引少年儿童加入学习的队伍，认真传承雕刻制作技艺，组成兴趣社团，演一场皮影戏。

【项目作业三】梳理与探究

1.

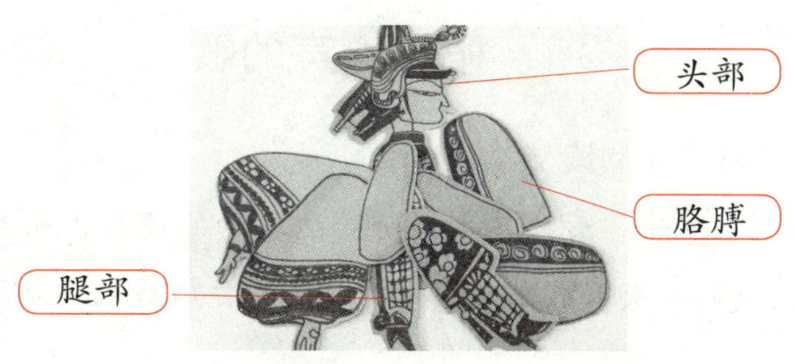

2.提示：用一勺一铲，糖料一般是红、白糖加上少许饴糖放在炉子上用温火熬制，熬到可以牵丝时即可以用来浇铸造型了。在绘制造型时，用小汤勺舀起熔化了的糖汁，在石板上飞快地来回浇铸，画出造型。当造型完成后，随即用小铲刀将糖画铲起，粘上竹签。

指间“偶”像

【项目作业一】阅读与鉴赏

1.（1）傀儡没有用线牵着。（2）傀儡没有木头雕刻的身子。

2.（1）拟形：木偶外形鲜活逼真，生动传神。（2）拟态：在表演者操纵下的木偶动作灵活轻快，模拟的人物形态惟妙惟肖。（3）拟神：木偶鲜活逼真的外形、准确灵巧的动作，能够体现木偶角色的精神品质。

【项目作业二】表达与交流

1.答案略。

2.示例：漳州布袋木偶戏《大名府》中，给我留下印象最深的是“守门官”这个角色。他画着丑角的脸谱，头戴乌纱帽，身穿大红色官袍，腰系玉带。“守门官”一出场就轻摇手中的蒲扇，晃动头上的乌纱帽，挥舞衣袖，掸掉椅子上的灰尘，动作滑稽有趣，令人捧腹。最有意思的一幕是，当他发现衙役坐在了他的椅子上时，他便一掌拍在了衙役的头上，将他赶走，坐下后想想又觉得不对，于是站起来，用自己的袖子掸了掸椅子上的灰尘，似乎是嫌弃衙役将他的椅子坐脏了似的。一系列的动作不仅活灵活现，生动逼真，而且形象地表现了这个“守门官”的不务正业，将他的反面形象展露无遗。

唱出心声的歌

【项目作业一】阅读与鉴赏

1.在戏剧表演中，音乐不仅能够传达人物的情感，而且能够推动情节发展，是提高戏剧表演艺术张力的核心要素。音乐在戏剧表演中扮演着至关重要的角色。

2.此时，冰雪女王也许会想：过去的就让它过去吧，在这个冰雪王国里我可以做自己的女王，我再也不会伤害到别人了，我可以在这里骄傲快乐自由地活着！这首歌表达了她决定勇敢起来、做回自己、自信向上的积极情感。

【项目作业二】表达与交流

1.答案略。

2.我最喜欢的是《灰姑娘》：在仙女教母的帮助下，灰姑娘与王子相遇相知，灰姑娘逐渐懂得了将命运掌握在自己手中，在最后一刻主动拿出水晶鞋与王子相认，告诉他“那一晚不是梦，那个女孩就是我”。我觉得灰姑娘勇敢、独立，这一段的音乐也很鼓舞人心！

【项目作业三】梳理与探究

1.

狮子王　　音乐之声　　基督山伯爵　　猫　　小王子

2.提示“1234567”既可以通过发音编歌曲，还可以根据数字的形状编歌曲，只要能唱出自己的心情即可！

“京味”四合院

【项目作业一】阅读与鉴赏

1.所谓“四合”，“四”是东、西、南、北四面，“合”是指四面房屋围在一起，形成一个“口”字形。

2.注意事项：北面正房地位最高，给辈分高的人居住。其次是东西厢房。厢房居住者的辈分低于正房，同时西厢房要低于东厢房。因为东比西要高贵些。东厢房是给大儿子一家的，西厢房是二儿子的。南房是下人居住的房间，有时也会作为会客厅使用，无关紧要，所以它是最低的。

3.四合院里常种的植物有：松，象征坚贞、挺拔、不畏严寒、不屈不挠、长寿。柏，象征长寿、常青，还有一种“子孙柏”寓意子孙不断、延续万代。石榴，象征多子多福和全家团聚。柿子树，象征“柿（事）柿（事）如意”。丁香，寓意勤奋、谦逊，象征学校的良好校风。杉树，繁茂的枝叶寓意新娘进门后子孙满堂、家财兴旺。杨树，是生命恒久、永不枯萎的精神体现，寓意是家族百年、千年永远存在。

4.答案略。

【项目作业二】表达与交流

1.如以蝙蝠、寿字组成的图案，寓意“福寿双全”；以花瓶内安插月季花的图案寓意“四季平安”；松竹梅并称“岁寒三友”，以此比喻坚贞的友谊。

2.答案略。

【项目作业三】梳理与探究

1.表姐，经常用微信联系，约到家里做客。奶奶，休息天要去看望她，为她做一些力所能及的事情。

2.答案略。

园林中的造梦空间

【项目作业一】阅读与鉴赏

1.醉翁亭属于方形亭，歇山顶。

2.太阳渐渐西沉，远处连绵的青山和近处的红树遥相呼应，萋萋的碧草如同翻涌的绿色海浪，一眼望不到头。

3.屈原　杜甫

【项目作业二】表达与交流

1.示例：楹联鉴赏活动、亭顶素描活动、美景拍摄活动、赏景赋诗活动等。

2.提示：将所见到的景象按一定的顺序描绘出即可。

屋顶上的天外飞仙——飞檐

【项目作业一】阅读与鉴赏

1.同：（1）两图中的飞檐都翘角较高，翘起的弧度较大；（2）飞檐上的装饰都十分精致，色彩鲜艳，雕饰丰富。

异：（1）两幅图片中飞檐上的脊兽不同；图1为龙、大象等图腾；图2为花鸟、鱼虫等小兽图腾。（2）两幅图的飞檐来自不同的建筑。图1为庙宇，图2为宗祠。

2.示例，从图腾角度谈：飞檐之上往往雕刻精美的辟邪祈福灵兽，如麒麟、飞鹤、锦鲤等，不同的图腾因飞檐所在建筑而异，象征不同的寓意。

3.言之成理即可。

【项目作业二】表达与交流

1.（1）样子：南方屋檐更加轻佻、飞扬，翘起的弧度更大，工艺也相对更加自由，更具创造力；北方屋檐相对厚重，翘起来的角度不如南方，重檐居多。（2）线条：南方飞檐曲线更加明显，北方更加平直。（3）图腾：南方的飞檐灵动性更大，曲线更明显，因此雕刻的景致图腾较少；而北方多平直的檐部，因此图腾更加精美，种类也更加丰富。

2.

【名称】飞檐翘角

【地区】中国南方

【特点】飞檐翘起，弧度大，带有曲线美。

【作用】在下雨天将顺流而下的雨滴以抛物线形式向外抛去，保护木质建筑物不受潮。

【推荐语】能手巧匠是小连，灵动魅力是飞檐。

【项目作业三】梳理与探究

示例：利用飞檐防晒防雨的特点，设计飞檐形制的帽子、雨伞、雨鞋等。

板上“不钉钉”

【项目作业一】阅读与鉴赏

1.图1为明榫，图2为暗榫。如何辨别的，答案略。

2.（1）有必要。①榫卯结构牢固性较高，连接方式不破坏木材。②榫卯结构的连接方式能够使成品更加美观。③榫卯结构家具便于运输。实木家具大多都是折装运输，到了目的地之后再组合安装，这样可以避免大型家具在运输过程中摩擦损伤，同时搬移也方便。④榫卯结构家具便于维修。无论什么样的家具，使用久了都需要保养维护，实木家具也一样。榫卯结构的实木家具更换起来非常方便。

（2）没有必要。①榫卯结构对工艺的要求较高，不具有普遍推行的意义；②榫卯造价高；③现代社会工艺发达，有许多更便捷的方式。（言之有理即可）

3.首先，榫卯互相咬合的链接方式体现了中国传统文化中“相互制衡”“阴阳相克”“刚柔并济”的理念。其次，不用一颗螺丝钉、不破坏木材本身的结构而能成一栋建筑，也体现了“顺应自然，遵循规律”的道家思想。

【项目作业二】表达与交流

1.结合“知识补给站”的知识可知，图中的实物所体现的榫卯结构属于“斜角榫”，通过双斜面的结合固定住三角区的三根木材，使桌角稳定。

2.（1）稳定性：榫卯结构结实耐用、咬合的连接方式还使其具有一定抗震能力。而铁钉连接的组合容易因为承力扭动变形，金属受长时间暴露在空气中会容易氧化、锈蚀，这就使得用金属连接的家具很容易散架。

（2）美观度：榫卯的无痕咬合方式决定了其更加美观，看不见穿插的痕迹，对物件的保护度更高；铁钉则会在物件表面留下明显的痕迹。

【项目作业三】梳理与探究

1.答案略。

2.

跨学科
语文
创意作业6

主　　编：何　捷
副 主 编：谢晓丽
执行主编：刘　露　林代尉
插画绘制：林　威

下册

山东城市出版传媒集团·济南出版社

图书在版编目（C I P）数据

跨学科语文创意作业 . 6 / 何捷主编 . -- 济南 ： 济南出版社 , 2022.8

ISBN 978-7-5488-5181-3

Ⅰ . ①跨… Ⅱ . ①何… Ⅲ . ①小学语文课 - 教学参考资料 Ⅳ . ① G624.203

中国版本图书馆 CIP 数据核字（2022）第 139720 号

跨学科语文创意作业 6 下册　　何 捷 主编

出 版 人：田俊林
图书策划：李圣红　董慧慧
责任编辑：董慧慧　陶　静
特约校对：郑晓燕
封面设计：八　牛
插画绘制：林　威
版式设计：张　倩
内文排版：卢新宇
出版发行：济南出版社
地　　址：济南市二环南路 1 号
邮　　编：250002
印　　刷：济南新先锋彩印有限公司
成品尺寸：185mm × 260mm　16 开
印　　张：15.5
字　　数：222 千
版　　次：2022 年 8 月第 1 版
印　　次：2022 年 10 月第 1 次印刷
书　　号：ISBN 978-7-5488-5181-3
定　　价：39.00 元（上下册）

目录

方寸世界的百科全书

你见过邮票吗？别看邮票只是小小的一张纸，它可藏着大大的秘密呢。邮票是一种特殊的艺术品，在邮票图案中，我们可以看到一个国家的历史、文化、科技、经济、风土人情和自然风貌。方寸邮票，见证历史，记录变迁，传承文明，被称为“方寸世界的百科全书”。让我们来翻开这本“百科全书”，了解邮票的秘密！

活动过程

活动项目：认识邮票，了解邮票的发展历史和价值

活动场所：邮局、家中

活动时长：30 分钟

活动流程：

搜集有关邮票的历史与故事，了解邮票的产生及发展。

了解观察邮票的方法，准备观察工具。

观察票面的图案、文字、齿孔和背胶。

与家人或同学交流观察所得，了解邮票的价值。

学习过程

学习目标：

1. 能对艺术产生兴趣，学习鉴赏邮票的方法并运用到实际中去。

2. 能利用多种信息渠道搜集资料，体会邮票发行的目的和意义。

学习项目：

【项目作业一】阅读与鉴赏

材料一：

观察邮票可是有讲究的。一枚邮票有纤细的齿孔以及怕受潮的背胶，如果不注意，就容易发生沾污、折裂、缺齿、粘胶以及出现霉点等问题，从而影响邮票的品相。

我们拿取邮票时，一定要养成用邮票镊子的习惯。因为直接用手拿很容易使票齿受到损伤，手上的汗渍、油污也会将票面弄脏，使其失去原来的光泽。另外，高温天气里不宜在阳光下翻看邮册，以免邮册和护袋变形，背胶溶化；邮册应该放在干燥通风的地方，空气湿度较大时，不宜整理、欣赏邮票。邮票看完最好放入邮册内收藏，不要随便放入信封或夹到书中，否则易发生粘连。

材料二：

邮票具有收藏价值，和大部分艺术品一样，邮票也讲究品相。那我们应该从哪些方面来鉴赏一枚邮票呢？

一看整体。首先要看邮票的完整性，有没有出现被剪开、折损、撕裂等现象。如果邮票有缺损，就会大大影响其收藏价值和观赏价值。

二看画面。邮票的票面集中体现了邮票的核心内容。查看画面有没有磨损、擦伤、污渍、发黄、霉点等是非常重要的环节。

三看刷色。邮票的颜色如有褪色、氧化就会影响美观度。

四看齿孔。邮票的齿孔也是邮票完整性的一个重要部分。查看是否有缺齿、磨秃的现象。

图 1

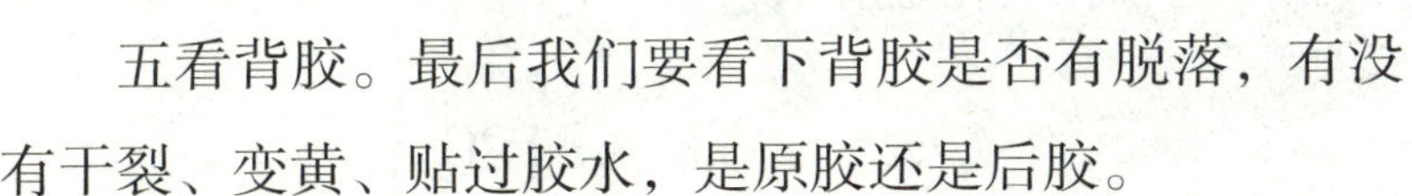

五看背胶。最后我们要看下背胶是否有脱落，有没有干裂、变黄、贴过胶水，是原胶还是后胶。

1. 评价鉴赏：你是否赞同图 1 中这位叔叔观察邮票的方法？请结合材料一说说你的理由。

____

____

____

____

2.创意运用：快把你家里的邮票找出来，根据材料一和材料二提供的方法，和家人一起看看你的邮票是否具有收藏价值吧！

★阅读推荐★

纪录片：《集邮趣谈》

【项目作业二】表达与交流

材料一：

邮票的种类按发行目的和用途分类，常见的有普通邮票、纪念邮票、特种邮票、航空邮票、欠资邮票、包裹邮票等。其中特种邮票是专门为具有重大历史意义并且在国际上产生深远影响的突发、重大事件而特别增加发行的邮票，我们也称之为“特别发行邮票”。从 2000 年发行的“特 1-2000”开始至今，已发行了 11 套特种邮票。

材料二：

志号：特 11-2020

图序	图名	面值
（2-1）	众志成城	1.20 元
（2-2）	抗击疫情	1.20 元

邮票规格：36×36 毫米

齿孔度数：13.5 度

整张枚数：16 枚（连票，8 套）

整张规格：185×216 毫米

版别：影写

防伪方式：防伪纸张　防伪油墨　异形齿孔　荧光喷码

设计者：王虎鸣、刘向平

边饰设计者：王虎鸣

责任编辑：李可心

印制厂：北京邮票厂

计划发行数量：1250 万套

中国邮政将制作首日封和邮折赠送抗击疫情一线的医务工作者，同时邮票、邮品发行收入将捐赠用于抗击疫情工作。

1. 仔细观察材料二中的邮票，结合两则材料提供的文字信息，和家人或同伴交流：这套邮票为什么要这样设计？

2. 一枚邮票，一个故事，是时间的定格、时代的缩影。如果让你用邮票的方式记录自己成长的轨迹，你想怎么设计？和爸妈讨论下票面图案的选择、文字的搭配、版面的设计等细节，把你的想法绘制出来吧！

【项目作业三】梳理与探究

1. 另外 10 套 “特别发行邮票”都记录了中国哪些重大事件？请搜集相关信息，按时间顺序梳理出来。你从中感受到了什么？把你的感受写下来。

____

____

____

____

2. 通过一枚小小的邮票，我们可以了解历史，增长见识，陶冶情操，养成良好的节约习惯。选择一类你感兴趣的邮票，试着做成集邮册，并在旁边批注收藏理由。

知识补给站

邮票发行的目的和意义

邮票的票面是邮票的核心，发行任何一款邮票，其目的、意义和作用都通过图案来体现。全世界已发行30多万种邮票，图案内容包罗万象，世界各国都把自己在政治、经济、国防、科学技术、文化艺术、历史地理、自然风光及珍贵的动植物等方面最有代表性的内容作为邮票的图案。集邮者通过收集、研究邮票上的图案能获得丰富的百科知识，因此邮票又被称为“方寸世界的百科全书”。

中国第一套邮票——大龙邮票

中国的第一套邮票是大龙邮票。为什么叫大龙邮票呢？我们看一下大龙邮票的票面，就会明白了。大龙邮票选用“江山云龙”图案，雕刻铜板凸印，它标志着中国近代邮政史的开端，象征有着数千年邮驿通信历史的中国进入了现代通信的新时期，在中国邮政史上有着举足轻重的地位。

“神画”故事

你相信一张画会给人带来好运吗？在中国就有这样一种画，每逢新春佳节，人们就会把它张贴在门上，驱凶纳吉，祈祷来年万事如意。这就是中国最具代表性的民间特色文化——木版年画。

让我们去看看这种神奇的年画吧！

活动过程

活动项目：给朱仙镇木版年画线稿涂颜色

活动场所：公园

活动时长：30 分钟

活动准备：一幅朱仙镇木版年画线稿、若干个碗、一根小木槌、若干纱布、若干排笔

活动流程：

观察并收集带有红色、黄色、蓝色、绿色的花草，放入各个碗中，用小木槌捣碎，再用纱布过滤出汁液。

用排笔蘸取提取出来的颜料，给木版年画线稿上色。

观察上色后的年画，思考色彩有什么特点，与家人和朋友交流讨论。

学习过程

学习目标：

1. 能对艺术产生兴趣，欣赏朱仙镇木版年画的艺术美。

2. 能通过多种渠道搜集资料，了解民间木版年画“寄托美好愿望”这一文化内涵。

学习项目：

【项目作业一】阅读与鉴赏

朱仙镇木版年画

年画是年的象征，不贴年画就不算是过年。年画不仅是节日的装饰品，更反映了中国民间社会生活。

河南开封朱仙镇木版年画是中国木版年画的鼻祖。朱仙镇位于中原水陆交通要道上，是中原戏曲的发源地。明清时期，戏曲发展繁荣，正好给朱仙镇木版年画提供了大量的戏曲题材和造型元素。

朱仙镇木版年画借鉴了戏曲造型中的夸张手法和舞台布景风格，以及豫西豫南一带皮影戏中的头身比例。画面中围绕人物的配景或坐骑等，通常比人物小得多，这是参考了中原戏曲舞台布景简约、写意的风格。

木版年画中的造型一般是“头大身小、人大马矮”，主次分明。人物面部形象普遍采用了豫剧脸谱中的造型，人物面貌英俊而不带媚色。

1. 比较分析：比较下面两幅图，结合文本思考，朱仙镇木版年画与豫剧在人物造型、构图上有什么异同点。

朱仙镇木版年画《三娘教子》

豫剧剧照《三娘教子》

2. 评价鉴赏：朱仙镇木版年画用色十分讲究，颜料都是从矿物、植物或者中草药中提取而来，再加入其他原料手工熬制而成。观察下列作品，你从中感受到朱仙镇木版年画的哪些艺术特征？（多选题，请在□里打“√”）

①构图饱满，喜庆热闹。□

②色彩艳丽，线条粗犷。□

③画面精美，线条流畅。□

《刘海戏金蟾》

《对金抓》

《姜太公钓鱼》

3. 创意运用：下面两幅年画都是《五子夺魁》，请你仔细观察并结合所查找的资料，尝试从颜色、造型和线条上判断哪一幅是朱仙镇木版年画，把你的理由写下来。

图1 《五子夺魁》

图2 《五子夺魁》

★阅读推荐★

书籍：《中国门神画》（王树村、刘莹/著）

【项目作业二】表达与交流

1. 朱仙镇木版年画题材丰富多彩，最常见的是中国历史传说、神话故事、戏剧人物等，仔细观察图3这幅年画，猜测故事情节，查找资料，与家人、朋友或同学交流这幅年画的寓意。

图3 朱仙镇木版年画《长坂坡》

2. 木版年画是中国的非物质文化遗产，电视台想要录制一期木版年画主题的节目，请你结合自己对木版年画的了解和所查的资料，给本期节目写一篇开场白，再和小伙伴模拟展示一下吧！

____

____

【项目作业三】梳理与探究

古代的中国人相信万物有灵，神灵是万物的主宰，因此神像是年画的主要题材，并且摆放的位置也是约定俗成的。比如门神要贴在大门上，常常是一对；灶神贴在灶台上方；老年人的房间喜欢贴松鹤延年和寿星之类的；少年儿童的卧室门上一般贴五子夺魁、刘海戏金蟾等。观察下面四幅年画，猜一猜每一幅年画的寓意，说说这些年画摆放在哪里最合适。

图 4　《步下鞭》

图 5　灶神

图 6　《刘海戏金蟾》

图 7　《福禄寿》

2. 木版年画的制作工艺十分复杂。请搜索并观看木版年画的制作视频，把制作步骤记录下来，并尝试制作一幅简单的木版年画。

____

____

____

知识补给站

1. 朱仙镇木版年画源于民间，以粗犷奔放的线条、鲜明感人的情节、饱满匀称的构图、古朴生动的形象和浑厚强烈的色彩著称，于 2006 年 5 月 20 日，经国务院批准被列入第一批国家级非物质文化遗产名录。

2. 朱仙镇木版年画于唐代开始兴起，宋代开始兴盛，到明代最为鼎盛。北宋世俗文化发展，给年画创作提供了肥沃的土壤，加上活字印刷术的发明，中国雕版印刷术走向繁荣。明清时期，朱仙镇成为中原商业中心，木版年画也因此迅速发展，一度达到鼎盛。

宋韵建盏

建盏最美之处就是一眼望去，仿若坠入星辰大海。作为宋代八大名瓷之一，建盏有着极大的魅力。它为何能做到入窑一色而出窑万彩呢？它和点茶又有着怎样密切的联系呢？今天，让我们一同去感受建盏之美吧！

活动项目：认识建盏

活动场所：茶具店或陶瓷博物馆

活动时长：30 分钟

活动流程：

观察建盏形状及成色，触摸感受建盏的材质。

将建盏与别的瓷器做比较，尝试说说建盏独有的特点。

把你感兴趣的关于建盏的问题记录下来，询问店员或查阅相关资料。

学习目标：

1. 能对建盏产生兴趣，欣赏建盏的美，感受建盏的独特艺术价值。

2. 能利用多种信息渠道获取资料，体会建盏中蕴含的宋人“点茶为乐”的文化浪漫。

学习项目：

【项目作业一】阅读与鉴赏

材料一：

送南屏谦师

［宋］苏轼

道人晓出南屏山，来试点茶三昧手。
忽惊午盏兔毛斑，打作春瓮鹅儿酒。
天台乳花世不见，玉川风腋今安有。
先生有意续茶经，会使老谦名不朽。

背景：诗人苏轼在任杭州知府时，与谦师结下了深厚的友谊。一次他出游西湖寿星寺，谦师赶来为他点茶，两人一同品茗吟诗，苏轼再次感受到了谦师炉火纯青的点茶技艺，写下了这首诗。

材料二：

将碾细的茶粉用沸水冲泡、搅拌，形成丰富的泡沫，这就是宋代的独特饮茶方式——点茶。点茶技法不同，形成的泡沫效果也不同。古代文人雅士经常斗茶，并以此为乐。

材料三：

建盏烧造过程中有很大的不确定性，能烧出什么样的花纹具有偶然性。釉中的金属元素经过高温煅烧就会聚集，釉子经过流淌就会产生美丽的花纹。建盏除了兔毫，还有油滴、曜变等品种。曜变不是实心斑点，而是空心，且呈组分布，是点、线、面的结合，如果仅有形态符合，而没有色彩，则不能称为曜变。宋代的曜变建盏，全世界现只存三件半：半只出土于中国杭州，三只传世品收藏于日本。

1. 比较分析："茶"在不同情况下有着不同的含义，如"柴米油盐酱醋茶""琴棋书画诗酒茶"等，文人雅士们以点茶为乐，这属于哪种含义呢？

____

____

2. 评价鉴赏："忽惊午盏兔毛斑，打作春瓮鹅儿酒。"这句诗道出了苏轼对兔毫盏的惊叹。黄庭坚也在"建安瓷碗鹧鸪斑，谷帘水与月共色"中表达了对鹧鸪斑盏的喜爱。欣赏以下两幅图，你喜欢哪一种纹样的建盏？说说理由。

鹧鸪斑盏

兔毫盏

3. 创意运用：曜变被称为“碗中宇宙”，曜变天目盏，是黑色的盏体洒落了纯净如水的蓝。发挥你的想象力，绘制你想象中的“曜变盏”，画好后查看曜变盏的视频。

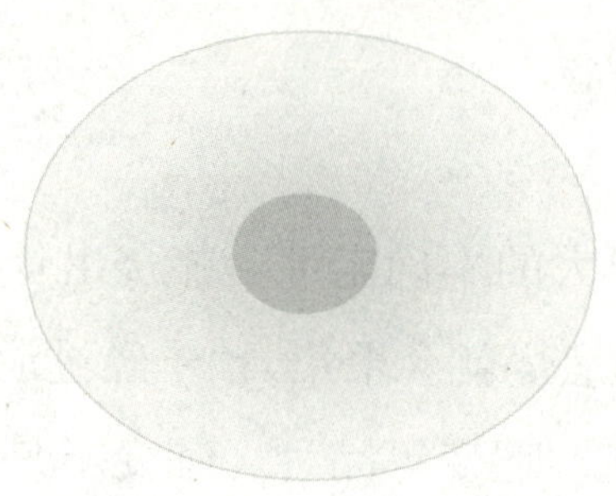

★阅读推荐★

绘本：《其有瓷理：从颜色看瓷器》（孙艺 / 文　张玥 / 图）

【项目作业二】表达与交流

1. 建盏工匠们说：“一炉生，一炉死，一炉生不如死。”建盏烧制过程中有很大的不确定性。你同意以下哪位同学的观点呢？说说你的理由。

A 同学：“建盏烧制不确定性这么大，好看的建盏是在大量废品基础上产生的，费时费力，价值不大。”

B 同学：“正是因为建盏烧制的不确定性，所以每个建盏都是独一无二的，都有着各自本身的精彩。”

____

____

____

2. 建盏因为其什么特点能够成为点茶最重要的器具呢？请你查一查资料，完成建盏说明书吧。

建盏说明书

名称：建盏

类别：（　　）

主要成分：（　　）

特点：①瓷胎因为含（　　）量高导致釉色发黑。黑色的建盏与白色的茶汤相对，更适合观察茶汤之色。②建盏胎质较（　　），使得茶温久热不凉。

【项目作业三】梳理与探究

1. 建盏的制作需要经过好几道工序，结合图片给制作过程排排序。

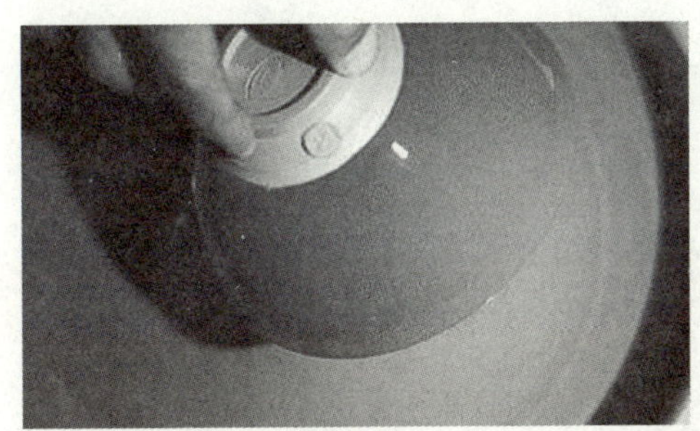

①上釉

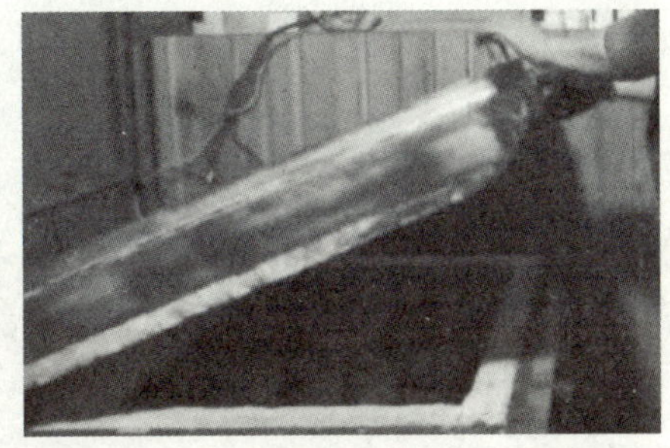

②素烧固定成型

③拉坯

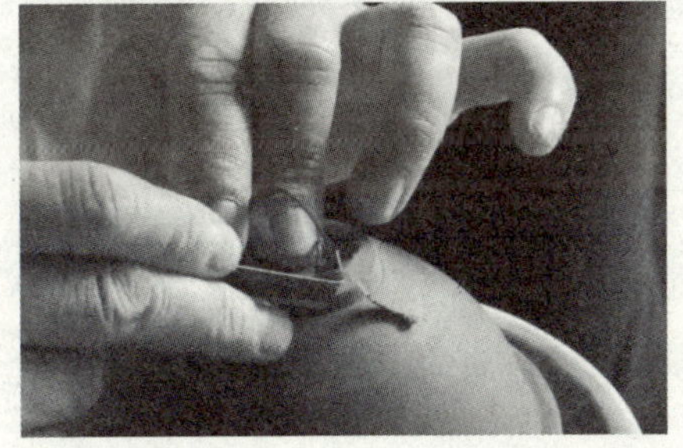

④修坯，做出器型

____

____

2. 斗茶是宋朝时上层社会流行的一种雅玩，极具趣味性和挑战性。南宋审安老人在《茶具图赞》一书中就给我们介绍了当时的很多茶具，请你从多种途径去搜集、整理资料并完成表格吧。

名称	作用
韦鸿胪	
罗枢密	
竺副帅	

知识补给站

1. 日本《君台观左右帐记》里记载："曜变斑建盏乃无上神品，值万匹绢；油滴斑建盏是第二重宝，值五千匹绢；兔毫盏值三千匹绢。"建盏在当时是非常昂贵的，一般百姓用不起，宋代的士大夫，甚至皇帝宋徽宗都为之疯狂。

2. 宋朝建盏，妙在它身上的各式纹样。许多诗人笔下都道出了它的美。请你带着情感读一读，从诗句中感受建盏之美。

鹰爪新茶蟹眼汤，松风鸣雪兔毫霜。

——［宋］杨万里

墨试小螺看斗砚，茶分细乳玩毫杯。

——［宋］陆游

兔毫连盏烹云液，能解红颜入醉乡。

——［宋］赵佶

人间瑰宝“青花瓷”

你知道中国的英文China是怎么来的吗？China除了指中国，还是瓷器的英文呢。

中国曾以“瓷国”闻名中外。清新的色调、莹润的色泽和素雅的纹饰，赋予了瓷器更为绚丽的色彩，可谓人间瑰宝。让我们一起来见识一下青花瓷的魅力吧！

活动过程

活动项目：欣赏青花瓷，画一个青花瓷纹样

活动场所：博物馆

活动准备：白色圆形纸盘、蓝色水彩笔

活动时长：30分钟

活动流程：

欣赏青花瓷展品，观察它们的颜色和花纹有什么共同点。

与家人或同伴交流研究所得，进一步体会青花瓷的特点。

尝试用蓝色水彩笔在纸盘中画一个青花瓷纹样，送给家人。

学习过程

学习目标：

1. 认识青花瓷造型、图案的特点，感受青花瓷的古典美。

2. 能利用多种信息渠道获取资料，体会青花瓷所蕴含的中国文化。

学习项目：

【项目作业一】阅读与鉴赏

青　花

陈雪芹

清水出芙蓉，天然去雕饰，这是青花瓷最美的写照。

素白玉坯素面无华，侧峰勾勒出的玄青色牡丹，含苞待放，犹如害羞的少女。人间四月，袅袅青烟，蒙蒙细雨，千里江山，这一幅江南烟雨，好不令人沉醉啊！

翻转瓶身，背面是一幅传统的仕女图。天然瑰丽，楚楚动人，在微风中婀娜多姿。青色的刻花掩映着青色的天空，飘逸的汉隶如同缥缈的行云，天马行空。

带着天青色的烟雨，打湿了记忆的年轮。在犹如泼墨的山水里，在如梦如烟的风景里，听青花吟唱。

青花，在泥坯中生长，在匠心里塑型。蘸一笔天青色，画一段前世缘，施以釉水，经岁月的烈火焚烧，淬炼出唐宋的诗风词韵，遇风尘洗礼，冲刷出元明的高雅底蕴。时间煮雨，青白分明，怡然成趣。

1. 比较分析：仔细观察图1和图2，结合查找的资料，判断哪一幅图的纹样是主纹，哪一幅图的纹样是辅纹，说说你的判断依据。

图1

图2

____

____

2. 评价鉴赏：文中描绘了三幅不同题材的青花瓷画，你最喜欢哪一幅？结合文本说明理由。（至少写两点）

____

____

3. 创意运用：文中最后一段用诗意的语言介绍了青花瓷的制作过程。其实，青花瓷制作工艺复杂，行业分工极其精细，主要包括以下五道工序。请将序号填入对应图案的括号内。

①拉坯　②利坯　③画坯　④施釉　⑤烧窑

（　　）

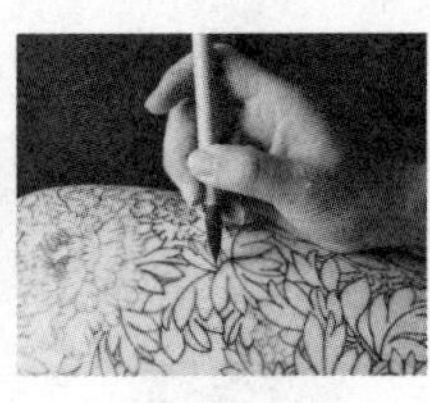

（　　）

（　　）

（　　）

（　　）

★阅读推荐★

书籍：《陶瓷之路》（刘良佑 / 著）

【项目作业二】表达与交流

1. 仔细辨认下面四幅图，参考图 1，把另外几幅图的名称填写在括号里。选择其中一幅图，查找资料，与家人或朋友交流缠枝纹的特点及其寓意。

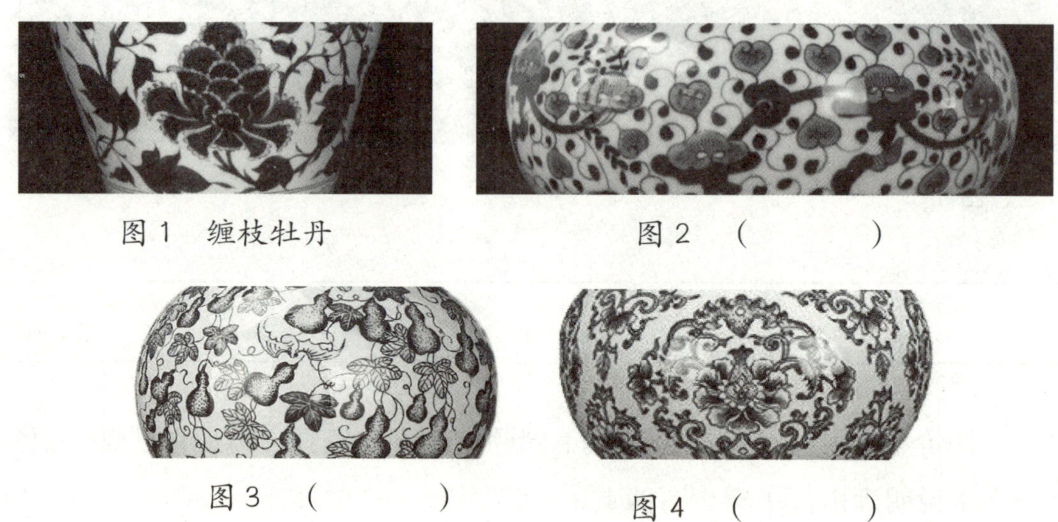

图 1　缠枝牡丹　　图 2　（　　　　）

图 3　（　　　　）　　图 4　（　　　　）

2. 青花瓷明净素雅的外表、坚韧耐磨的品性与中华民族所推崇的淡泊明志、坚忍不拔的品质不谋而合，因此，千百年来，青花瓷一直备受人们的喜爱。请就青花瓷的文化品质，结合实际，谈谈你的理解。

【项目作业三】梳理与探究

1. 选择一种瓶式，将对折后的轮廓描绘在对折的硬卡纸上，沿边剪下来后展开，再选择喜爱的图文临摹到合适的位置上。

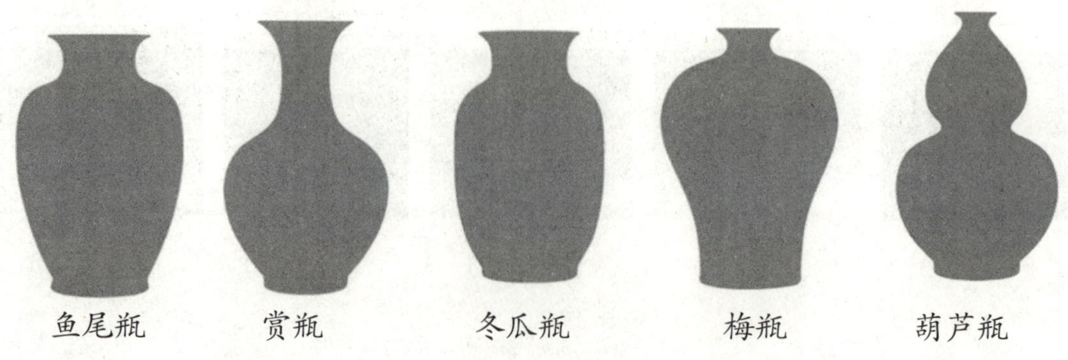

鱼尾瓶　　赏瓶　　冬瓜瓶　　梅瓶　　葫芦瓶

2. 清代龚轼在他的《陶歌》中这样称赞青花瓷：“白釉青花一火成，花从釉里透分明。可参造化先天妙，无极由来太极生。”青花瓷以其蓝白相映、怡然成趣的特点给很多产品创作提供了灵感（如下图）。请你制作一份融入青花瓷元素的礼品送给你的家人或朋友，把你设计的草图画在方框里，并用一两句话概括出你的设计理由。

知识补给站

青花精神

不同于五彩的华丽，青花之美，美在宁静。青花瓷纯净亮丽，细腻圆润淡雅，显得十分端庄秀丽。由于制釉工艺独特，青花瓷成品明净素雅、无铅无毒、耐酸耐磨，赋予它别样的人格化特征：宁静坚韧、含蓄内敛、明净端庄。传承千年，其早已成为中国人的精神寄托。

缠枝纹的含义

青花纹饰很多，缠枝纹是常见的一种纹饰。以植物的枝茎或蔓藤为骨架，呈现波状卷曲连环的花卉纹样。藤蔓向四面八方延伸，构成二方连续、四方连续或者多方连续的装饰纹样，在圆内画花，形成枝茎缠绕、花繁叶茂的装饰图案。缠枝纹生动优美，富有动感，寓意生生不息、万代绵长。

美景画中现

一诗一画一故事，亦人亦花亦烟云。笔墨点化之处，无论是一朵花、一座山，还是亭台楼阁、月下佳人，记录的是情绪，也是故事。我们熟知的古诗词中的水墨丹青浩如繁星，无一不刻画了古代文人的精神风貌。让我们一起欣赏各种中国画，感受中国传统绘画艺术的独特之美。

活动过程

活动项目：欣赏中国画《寒江独钓图》中的留白

活动场所：图书馆、书店、画廊（有条件可以前往）

活动时长：30 分钟

活动流程：

查找《寒江独钓图》相关资料，了解作者和画作资料。

观察《寒江独钓图》这幅画，口头描述你看到的事物。

思考：在空白处可能会有什么事物，会发生什么事情，和伙伴或家人们分享。

学习过程

学习目标：

1. 翻阅相关资料，欣赏中国画的形式、颜色、虚实结合的美。
2. 感受中国绘画艺术的独特魅力。

学习项目：

【项目作业一】阅读与鉴赏

材料一：

山水画，以描绘山川自然景色为主，在魏晋南北朝的时候开始发展，多为人物画的背景。唐朝时，王维开创了水墨山水画派；宋朝时，青绿山水流行，少年天才王希孟以一幅青绿的《千里江山图》而名垂千古。

《千里江山图》

花鸟画，以花卉竹石、虫鱼鸟兽等为画面主体。在四五千年前的陶器上就出现了简单的鱼鸟图案，可看作是最早的花鸟画。而近代画家齐白石的作品《墨虾》，则是著名的花鸟画。

人物画，是以描绘人物为主，包括人物肖像画和人物故事、风俗画。人物画在春秋时期就已经达到了很高的水准。著名的人物故事画有唐代吴道子的《送子天王图》，而风俗画有宋代张择端的《清明上河图》。

材料二：

说到中国画，必然会想到它的颜色。中国画中有关于绘画“五色”的说法。青色，用来表示碧水青山、草木花卉。红色，象征着兴盛、喜庆。黄色，代表着大地和皇家威严。白色，象征着谦谦君子，温润如玉。黑色，笼罩着天地，神秘而备受尊崇。

其中，绘画最常用的两种颜色就是丹青了，丹是朱砂，即朱红色，青是青雘（huò），即青蓝色。朱砂和青雘其实是两种非常珍贵的矿石原料，由于它们保存时间长，不易褪色，因此人们把它们合称“丹青”。我国古代绘画常用朱红色和青色这两种颜色，由此丹青就成了绘画艺术的代称。

认真阅读以上文段，完成题目：

1. 获取信息：阅读材料一、材料二，说说它们分别讲述了关于中国画的什么内容。

____

____

2. 比较鉴赏：中国画是我们的国粹之一。它根据题材分为山水画、花鸟画和人物画。再次阅读材料一的内容，说说这三类画有什么不同，有什么相同。

____

____

3. 评价鉴赏：请你结合材料二，从色彩角度欣赏《千里江山图》的美。

____

____

★阅读推荐★

书籍：《中国画，好好看》（田玉彬 / 著）

《给孩子的中国绘画史》（小书虫读经典工作室 / 编著）

【项目作业二】表达与交流

1. 观察以下几幅中国画，根据自己所学的知识，给这些画分类，并讲给父母或小伙伴听。

2. 传世名画《韩熙载夜宴图》描绘了五代十国时期官员韩熙载夜晚在家里设宴招待的场面，画面上呈现了宴会上载歌载舞、欢乐送别等具体场景，画面生动。

请你观察画作的局部，与小伙伴讨论这部分表现了怎样的场景，并用生动的语言描写其中一位仕女。

《韩熙载夜宴图》（局部）

____

____

【项目作业三】梳理与探究

1. 观察对比下面两幅画，说说装裱后的作品给人什么感受。

2. 自古以来，我国涌现出一批又一批著名的绘画大师，他们的作品总是令人印象深刻。下面是一些绘画大师与代表作品，查找相关资料，将作者与对应作品用线连起来。

顾恺之	《送子天王图》
吴道子	《洛神赋图》
张 萱	《千里江山图》
王希孟	《虢国夫人游春图》

知识补给站

1. 中国画，简称“国画”。国画在我国历史悠久，是古代重要的绘画形式，是用毛笔蘸水、墨、彩作画于绢或纸上。国画在古代没有确定名称，一般被称为丹青，在世界美术领域中自成体系。

2. 一些著名绘画大师及其代表作品。

①顾恺之：东晋杰出画家，水墨画鼻祖之一，代表作《洛神赋图》《女史箴图》。

②吴道子：唐代绘画大师，画史尊称其为“画圣”，擅人物画，画风被称作“吴带当风”，代表作《送子天王图》。

③张择端：北宋绘画大师，代表作《清明上河图》。

④王希孟：北宋著名画家，是中国绘画史上仅有的以一张画而名垂千古的天才少年，代表作《千里江山图》。

园林中的咫尺山林

如果说亭台楼阁是园林的骨架，花草树木是园林的衣裳，那么石林假山就是园林的灵魂。中国古典园林几乎是无园不石、无石不园。古人巧借叠山置石之法，便将自然山林之乐浓缩于一隅之间。接下来，我们就去看看这园林中的咫尺山林吧！

活动过程

活动项目：认识园林假山，感受假山之美

活动场所：公园、家中

活动时长：30 分钟

活动流程：

查找园林假山发展的历史和故事，了解假山的兴起。

欣赏不同类型的园林假山，观察其布置的位置和特点，和家人、朋友猜一猜它的功能。

寻访身边的一处假山，从不同的角度看一看，画一画你喜欢的假山，感受假山的美。

学习过程

学习目标：

1. 能对艺术产生兴趣，欣赏园林假山的美。
2. 能利用多种信息渠道获取资料，了解园林假山的堆叠布局之妙。

学习项目：

【项目作业一】阅读与鉴赏

材料一：

假山按在园林中的位置和用途，可分为园山、厅山、楼山、阁山、书房山、池山、室内山、壁山和兽山。

留园假山——池山

留园假山——厅山

材料二：

假山（并序）

［唐］杜甫

天宝初，南曹小司寇舅于我太夫人堂下垒土为山，一匮盈尺，以代彼朽木，承诸焚香瓷瓯，瓯甚安矣。旁植慈竹，盖兹数峰，嵚岑婵娟，宛有尘外致。乃不知兴之所至，而作是诗。

一匮[①]功[②]盈尺，三峰意出群[③]。
望中[④]疑在野，幽处欲生云。
慈竹[⑤]春阴覆，香炉晓势分。
惟南将献寿[⑥]，佳气日氤氲[⑦]。

【注释】

①匮：通“蒉”，土筐。②功：成效，这里指完成。③出群：与众不同。④望中：视野之中。⑤慈竹：又称子母竹，新竹旧竹密结，高低相倚，老少相依，故名。⑥惟南将献寿：意出《诗·小雅》：“如南山之寿。”后用为祝寿之词。⑦氤氲：烟气茂盛。

1. 比较推测：观察材料一的两座假山，再根据名字猜一猜它们在园林中所处的位置。

______

______

2. 评价鉴赏：阅读材料二，杜甫的舅舅以一筐土垒起了一座小假山，结合诗的颔联，说一说这座假山给你带来怎样的感觉。

______

______

3. 创意运用：材料二中杜甫诗的尾联的“惟南将献寿”让你想起了哪句祝寿之词？结合诗句意思，思考诗人为什么能从假山联想到南山呢？

★阅读推荐★

书籍：《给孩子的中国建筑》（高珊、付艾琳/主编）

【项目作业二】表达与交流

1. 有人说："假山的堆叠，可以说是一项艺术，而不仅是技术。"你赞同这种说法吗？说说你的理由。如果朋友或家人和你有不一样的看法，不妨来一场辩论赛，搜集支持各自观点的依据，一起辩一辩吧！

2. 狮子林是世界文化遗产，被称为"假山王国"。狮子林中的假山弯弯绕绕，上来下去，经常会有别有洞天的曲径通幽处，给人惊喜。所以，狮子林里面的假山也最适合捉迷藏了。康熙就曾六游狮子林呢！请你搜集关于狮子林的故事和资料，结合下图，为狮子林的某处假山写一份导游讲解词吧！

【项目作业三】梳理与探究

1. 如果学校打算修建一处假山景观，你会有什么建议呢？请你根据学校的校训和历史文化特点，为学校设计一处假山景观，把你的设计图画下来，并为它取个名字吧。

____

2. 准备各种颜色的超轻黏土或橡皮泥，一块硬纸板，根据你的设计图为学校的假山景观做一个模型吧，可以邀请小伙伴一起来完成哦！

假山景观模型

知识补给站

1. 现存的假山名园有苏州的环秀山庄、上海的豫园、南京的瞻园、扬州的个园、北京北海的静心斋和中南海的静谷等。

上海豫园大假山　　　　扬州个园假山

2. 假山王国——狮子林

狮子林始建于元代至正二年（1342），是中国古典私家园林建筑的代表之一，属于苏州四大名园之一。因园内石峰林立，多状似狮子，故名“狮子林”。

3. 假山的布局设计

（1）设计假山要根据需要，配合环境，再决定假山的大小、高低、形状和布局。

（2）假山设计要错落有致，高低相衬，最好前低后高，有变化。

（3）“山无草不活”，设计假山时可以搭配绿植，使整座假山显得生机勃勃，达到以假乱真的效果；还可以搭配流水、小桥，水波荡漾，更有意境。

热热闹闹的屋脊

你观察过古建筑房屋的脊梁吗？那里往往会蹲着一群可爱的小兽，人们叫它们“屋脊兽”。它们分工明确，都有着美好的寓意。接下来，就让我们去热热闹闹的屋脊上看看这些小兽吧！

活动过程

活动项目：了解屋脊兽

活动场所：家中、博物馆、当地古建筑群附近（有条件可前往）

活动时长：30 分钟

活动流程：

观察屋顶上的屋脊兽，猜一猜这些小兽分别是什么。

选择一个你最喜欢的小兽，说一说它哪个部分最吸引你。

画一画你最喜欢的屋脊兽，并和父母、同学分享。

学习目标：

1. 能搜集并阅读相关资料，了解屋脊兽的来历、寓意以及相关故事。
2. 能通过多种方式欣赏屋脊兽的造型之美，感受设计之趣。

学习项目：

【项目作业一】阅读与鉴赏

材料一：

故宫宫殿屋顶的脊梁上都有一种特殊的装饰物，那就是“屋脊兽”。正脊上有龙形大吻，垂脊和戗脊的小兽造型各异，姿态更加丰富多彩。它们整整齐齐地排列着，望着远方，好似威严的士兵守护着家园，让人心生敬畏。在我国古代神话故事中，它们可都是吉祥的化身。

材料二：

屋脊兽

骑凤仙人：民间神话也叫作仙人骑鸡、鸡道士。传说这位仙人是姜子牙的小舅子，又有人说是战国时期齐滑王的化身。骑凤仙人具有逢凶化吉、绝处逢生的含义。

龙：远古时期，龙是氏族部落的图腾，很有威慑力；帝王时期，龙是皇家身份的彰显；如今，龙象征着中华民族。传说，龙由九种动物组成：鹿的角，马的头，牛的耳，蛇的身，虾的眼，鱼的鳞，蜃的腹，虎的掌，鹰的爪。龙原本具有降雨功能，后来慢慢地有辟邪、镇宅的吉祥寓意。

凤：凤是传说中的百鸟之王。雄的称为“凤”，雌的称为“凰”，总称为“凤凰”。它是远古时期祭师用来祭祀通神的完美的神鸟。凤凰是吉祥之兆，预示着风调雨顺、国泰民安。

狮子：狮子是百兽之王，头大而圆，镇守一方，是一种灵兽。在中国众多的园林名胜中,各种造型的狮子随处可见。中国人历来把狮子视为吉祥之物。

天马：它是一匹骏马，却长着一对庞大的翅膀。天马的形象优美，品德高贵，可驰骋千里，也可飞上云霄，上天入地。

海马：它不是海马，而是一匹骏马，本领也很大，既能在陆上狂奔，一日千里，也能潜入深海，遇事还能逢凶化吉，是一种瑞兽。

狻猊（suān ní）：它是中国古代中的神兽，龙九子之一，形似狮子，头的四周长有长长厚厚的鬃毛，四肢强健有力，四爪锋利无比。它也被人们视为趋吉避凶的瑞兽。

狎鱼：它生活在海中，身体上下长满了厚厚的鳞片，有一条长长的鱼尾。传说它能兴云、能作雨，是灭火防灾的厉害人物，也是掌管水族的首领。

獬豸（xiè zhì）：传说中它象征着忠诚、正义、司法。獬豸的头上长有角，能辨人世间的善恶美丑，如有人争辩，不分黑白，它就会惩处那些歪心思的恶人，让善良的人们得到公平与正义。

斗牛：相传它是一种虬龙，浑身鳞甲，闪闪发光，脑袋似牛头，可身体却是龙身。它最擅长吞云吐雾，可祈雨灭灾，保平安。

行什：它的造型酷似猴子，手拿宝器，后背长着一对翅膀。可不是所有的屋脊上都有它。在古建筑中，只有太和殿的檐角上出现它的身影。它排行第十，名为“行什”。相传，行什是雷震子的化身，可防雷防火。

1. 比较分析：结合材料一和材料二，你能试着说出屋脊兽的名字吗？

2. 评价鉴赏：屋顶上的小兽造型美观，色彩多为黄色，给人一种强烈的视觉冲击力。请你观察材料二中的图片，试着从色彩、建筑布局、造型等方面评价一下屋脊兽。（至少两点）

★阅读推荐★

视频：《故宫屋顶上的神兽》（APP 哔哩哔哩）

《屋脊上的神秘小兽》（故宫博物院青少网站）

【项目作业二】表达与交流

1. 屋脊兽是吉祥的象征，同时也是古建筑的守护者。例如：行什能防雷防火，斗牛可祈雨灭灾……请你选择一个你最喜欢的屋脊兽，收集它的来历及有关故事，介绍给父母或小伙伴吧！

2. 一日正午，一只乌鸦嘴里衔着一个亮晶晶的物件从太和殿上方飞过，一不小心物件落在了屋顶的脊梁上。屋顶竟慢慢地迸发出了火星，眼看火势越来越大。就在这时，屋脊上的小兽们醒过来了，它们……

接下来会发生什么？请你创编一段小兽们齐心协力救火的故事，让它们都能用上各自的本领吧！（可参考项目一中的材料二）

【项目作业三】梳理与探究

学校新建的图书馆正在征集屋脊兽的形象，邀请你参与设计。

1.请你选择几种熟悉的或喜欢的动物推荐给图书馆，并说一说推荐的理由。

例如：信鸽，十分聪明，是传递信件的使者。

（　　）：________________

（　　）：________________

（　　）：________________

2.请你从推荐的三个动物中选择一个，画在下图的屋脊上，再为它写一句宣传标语，帮助它在校园里更好地推广吧！

名字：________

知识补给站

1.屋脊兽的数目

它们都是神话中的神或者是有象征意义的动物。每一个动物的排序都有严格的规定，这些排序是身份等级的象征。屋脊兽数目越多，表示建筑级别越高。就拿故宫来说，太和殿用了十个，说明天下无二；而古代皇帝休息和处理日常政务的乾清宫，地位仅次于太和殿，只能用九个；皇后的寝宫坤宁宫，只能用七个；妃嫔居住的东西六宫，只能用五个；其余大小不一的配殿，用三个甚至一个的比比皆是。

2.屋脊兽的作用

屋脊上的小兽每一个都具有极强的装饰作用。同时，屋脊兽的存在也是为了稳固屋脊和瓦垄，防止屋脊滑动、开裂，是木材料建筑不可缺少的一部分。它们风吹日晒数百年，一直牢牢地屹立在屋脊上，守护着我们的家园。

穿越时空的土楼

在电影《大鱼海棠》里，女主人公椿和族人居住的神之围楼令人神往。那巨大的环形建筑，原型就是客家土楼。土楼是世界文化遗产，建造历史十分悠久，也是中国传统民居独具特色的建筑之一。让我们一起去认识土楼，体会它精巧的设计吧！

活动过程

活动项目：认识土楼中的圆楼

活动场所：图书馆、家中、土楼建筑群周围（有条件可前往）

活动时长：30 分钟

活动流程：

观察土楼中的圆楼，说一说你最喜欢哪个部分。

欣赏圆楼布局和构造等方面的特点，并与家长、朋友们探讨交流。

尝试对照圆楼画一画，感受其布局和构造的美。

学习过程

学习目标：

1. 能对传统建筑产生兴趣，欣赏土楼的形制之美。

2. 能搜集并阅读相关资料，说出土楼的功用及演变的原因。

学习项目：

【项目作业一】阅读与鉴赏

材料一：

很久以前，在我国的闽南闽西山区，地势险要，人迹罕至，甚至经常有猛兽“光顾”。客家先人们因躲避战乱而流落至此。为了防止外敌追捕和猛兽侵扰，他们就以族群的形式共同生活在一起。围龙屋建筑就在这样的情形下产生了，这种建筑被称作土楼。

福建许多土楼依山就势，巧妙地利用了山间狭小的平地和当地的生土、木材等合适的建筑材料，并遵循中国传统建筑一贯的“风水”理念而建。土楼门前一般都会设有一个半月形状的大水塘，其主要用途是防火。因此，土楼具有节约、坚固、防御性强的特点。

材料二：

图 1　方楼

图 2　圆楼

1. 获取信息：阅读材料一，说一说土楼主要承载了什么功用。

____

____

2. 创意运用：观察材料二中的土楼民居和图 3 的现代高楼大厦，再联系生活实际思考：两者之间有什么区别？（至少两点）

图 3　现代高楼大厦

____

____

★阅读推荐★

书籍：《穿越时空的土楼》（谢小振 / 著）

视频：《每个人心中都有一座土楼》

【项目作业二】表达与交流

1. 下面三幅图分别是不同形制的土楼。请你仔细观察，并查阅相关资料，再和父母或同学交流：土楼形制为何会发生演变？

图 4　永定土楼五凤楼

图 5　方土楼

图 6　圆寨土楼

2. 从圆形、四角形、半圆形、交椅形、方形等形制的土楼中选择一种，提出你目前仍有的疑惑，并针对问题搜集、筛选更多资料，把你的研究结论写下来。

____

____

____

____

____

____

【项目作业三】梳理与探究

1. 土楼是中国传统民居的瑰宝。为了传承土楼建筑的独特风格，当地掀起了“土楼民宿”热。如何做到既保留土楼的特色，又方便现代人的生活呢？请你为“土楼民宿”提提意见吧！（至少两点）

____

____

2. 土楼不仅功用强大，还十分美观，彰显着中国古代劳动人民的智慧和“天圆地方”的理念。请你以硬纸板或者超轻黏土为材料，参考下列作品，制作一个土楼模型，并向你的同学介绍这一独特的民居吧！

图 7—8 学生作品

知识补给站

1. 土楼的文化内涵

福建土楼是一种集体记忆与文化记忆的写照，承载着信仰、习俗、观念与情感，反映出传统客家人的文化特征，也加深了当地客家人的文化认同感。

2. 方楼

在现存的福建土楼群中，方形土楼的数量最多。从外形来看，方楼的四个方向都是高墙耸立，四个角的墙体十分规整，整体呈现为封闭式。由此可见，“防卫”是土楼的主要功能。

雅致的水墨画

徽派建筑，又被称为“雅致的水墨画”。白墙、青瓦、马头墙，淡雅的色调映衬着绿水、青山、蓝天……它把人与自然紧密地融合在一起。这样的美景像极了大自然随心所欲勾勒出的水墨画。让我们一起走近徽派建筑，欣赏这一幅幅美丽的图画吧！

活动过程

活动项目：欣赏徽派建筑

活动场所：图书馆、家中、徽派建筑群周围（有条件可前往）

活动时长：30 分钟

活动流程：

选择一座徽派建筑进行观察，思考它哪个地方最吸引你。

说一说徽派建筑和周围的景色构成了一幅怎样的画面。

尝试将你看到的画面画下来。

学习目标：

1. 能对传统建筑产生兴趣，欣赏徽派建筑在色彩和造型上的美。

2. 能阅读相关资料，从中了解徽派建筑中的马头墙及三雕艺术。

学习项目：

【项目作业一】阅读与鉴赏

材料一：

画里走出来的建筑

提起中国传统建筑，徽派建筑一定是独具特色的一支。徽派建筑色调古朴典雅，古雅又不失趣味。

徽派建筑的杰出代表当属安徽的西递宏村，整个村庄依山傍水，也被大家称赞为“画中的村庄”。不过，徽派建筑并不是安徽独有的建筑特色，在我国江西上饶的婺源县及浙江省严州、金华、衢州等浙西地区也有流行。

徽派建筑最显著的特点莫过于粉墙黛瓦。“粉墙黛瓦”顾名思义即白色的墙，青黑色的瓦。这里的“粉墙”指的是用石灰等涂料抹墙壁，而不是说“粉色的墙体”。青山绿水间若隐若现的建筑群，简约、素雅，显露出一派独特的水墨韵味。“小桥流水桃源家，粉墙黛瓦马头墙。”这大概是对徽派建筑的“水墨韵味”最为形象生动的描述。

徽派建筑的另一个标志就是造型独特的马头墙。马头墙的墙头一般比屋顶略高，造型酷似阶梯状。随着房屋的进深变化，檐部的长短也随之变化。不少徽派建筑地区的马头墙还分为一阶、二阶等叠式造型，较大的民居可以形成“五叠”。马头墙的色调以黑、白、灰为主，与粉墙黛瓦相互辉映，在青山绿水的掩映下，构成了徽派建筑民居独特的淡雅之美。此外，马头墙设计鳞次栉比，给人以层次分明的韵律美感。这种“万马奔腾”的视觉冲击，也寄托着族群兴旺发达、生生不息的吉祥寓意：“鹊尾式”的马头墙造型寓意“抬头见喜，喜气洋洋”；“朝笏（cháo hù）式”（笏：笏板，材质金贵，中国古代臣下上殿面见君王时拿的板子，清代废除）则寓意主人“志向高远”。

图 1—2　宏村民居

马头墙除了装饰之外，它的防御功能也不得不提。在聚集而居的徽州古村落中，民居建筑间距较小，建筑密度较大，虽有利于族群团结，但却对防火十分不利。而马头墙高且深的特点，可以在相邻民居发生火灾的情况下，起着有效阻隔火势扩散的作用。

图 3—4　婺源民居

马头墙上精致的石雕也是徽派建筑的一大艺术特点。石雕是“三雕”工艺之一，在徽派民居中主要用于廊柱、门墙等处的装饰。与砖雕和木雕不同的是，石雕的题材受雕刻材料本身限制，工艺相对简单，以动植物形象、博古纹样和书法为主。在雕刻风格上，刀法在精致中又凸显古朴大方，质朴高雅，浑厚潇洒。

材料二：

图 5　宏村民居

图 6　婺源民居

1. 获取信息：阅读材料一，想一想马头墙最显著的特点是什么，它又有哪些作用。

____

____

2. 评价鉴赏：材料二中的两幅图分别是不同地方徽派民居中的马头墙。请选择一个你喜欢的样式，仔细观察其结构，从色彩、造型、雕刻工艺等角度评一评。

____

____

★阅读推荐★

视频：《徽派建筑 | 中国传统建筑八大派系》

【项目作业二】表达与交流

1. 徽派建筑主要以黑白两色作为主色调。有人说，这样的颜色太过单调，应大胆创新，让徽派建筑的色彩更丰富一些，赋予这一建筑新的活力。你同意这样的观点吗？请你查阅徽派建筑民居的分布地区、气候等方面的资料，结合知识补给站的内容，将你的想法写下来。

2. 观看视频《徽派建筑 | 中国传统建筑八大派系》后，你能不能向家人简单介绍徽派建筑呢？请重点关注徽派建筑色彩上“白墙青瓦”的特点哦！

【项目作业三】梳理与探究

1. 传统的徽派建筑还有三雕，分别是木雕、石雕、砖雕。三雕艺术极大地丰富了徽派建筑的内容。下图均是从徽派建筑上截取的雕刻。请你仔细观察图片，将雕刻艺术的名称与对应的图片连起来。

图 7

门楼上的砖雕

图 8

门墙上的石雕

图 9

民宅内的木雕

2. 下面的剪贴画符合徽派建筑朴素典雅、大量运用黑白两色的特点。如果你打算和同学制作一幅徽派建筑剪贴画，需要准备什么材料？注意哪些要点呢？请上网搜索制作的相关视频，再和同学说一说。

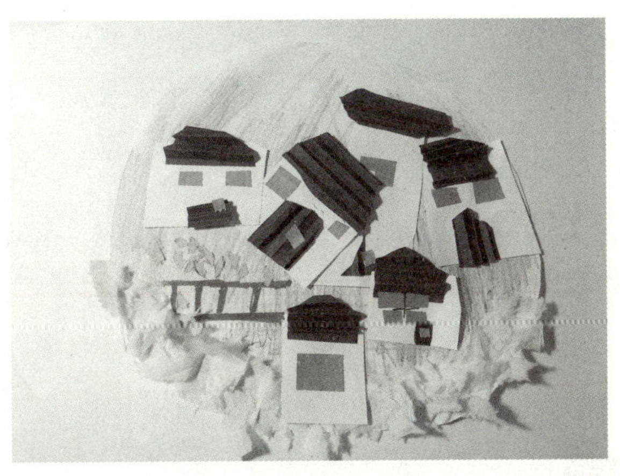

图 10 学生作品

知识补给站

1. 徽派建筑中门头的重要性

在徽派建筑中，流传着“千两银子七百门”的说法，意思是“如果建造房子要一千两银子，那么门头就要占据七百两”。在今天的徽派建筑中，随处可见门头上精致的雕刻。其实，这与徽州先民崇尚风水文化是分不开的。在他们眼里，门象征着吉祥，可以为家人带来幸福。因此，无论富贵还是贫穷人家，都十分重视门头设计。

2. 造就徽派建筑独特色彩的原因

南方四季如春，环境颜色丰富，民居建筑外墙无需更多色彩粉饰。夏季，繁花盛开、绿草悠悠，素雅的黑白灰建筑成为万物的背景，给人清新宜人之感。而且徽派建筑群所在区域大多光照强，用白色更有利于反射阳光。加之南方雨水充足，不利于多种色彩的保存。经年累月的雨水冲刷会对建筑外观造成一定破坏，白墙青瓦是再合适不过的选择。不得不说，先人们在设计建筑的同时兼顾了审美呢！

跌落凡尘的“天上虹”

中国，自古就有“桥的国度”之称。牛郎织女鹊桥相会，许仙白娘子断桥相遇……桥承载着人们无限的遐思和美好的想象。而石拱桥以其弧形的桥洞设计，被人们称作“卧虹”“飞虹”，它不但形式优美，而且结构坚固。今天就让我们走近这跌落凡尘的“天上虹”。

活动过程

活动项目：认识拱桥

活动场所：建议前往公园（视安全以及当地情况而定）、家里

活动时长：30 分钟

活动流程：

查找拱桥发展的历史和民间故事，了解拱桥的产生及其发展演变。

欣赏一座拱桥，观察其造型、雕刻图案的特点。

用画笔勾画出这座拱桥的结构和特征。

学习目标：

1. 能对艺术产生兴趣，了解拱桥的造型功用，欣赏拱桥装饰图案之美。
2. 能利用多种信息渠道搜集资料，体会古代拱桥的文化内涵。

学习项目：

【项目作业一】阅读与鉴赏

材料一：

图1 赵州桥

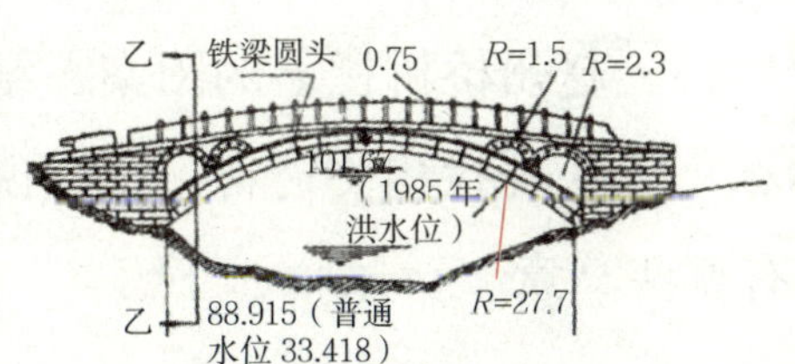

图2 赵州桥平面图

图3 赵州桥上的桥洞

材料二：

赵州桥是世界上最古老的石拱桥，它历经千年的风雨、地震与洪水的冲刷，还曾一度被大火焚烧，却依然屹立河畔。据统计，赵州桥从建成使用到今天的1400多年中，一共经历了10次水灾、8次战乱和多次地震。

材料三：

图 4-5　赵州桥桥栏上的图案

材料四：

灵兽是桥梁装饰雕刻中运用最多的图案。古人坚信神兽能够压制住水怪，使它们不能兴风作浪，以此确保人、桥平安。桥上刻龙，是因为龙是鳞虫之长，水族都归其统属，所以用来监视水族，使其无法兴风作浪。造桥的工匠们希望借助龙的威严来保护桥梁不被天灾人祸毁坏，保佑过桥行人平安。

1. 比较分析：观察材料一中赵州桥的实景图和平面图，并阅读材料二，说一说桥洞的设计有什么好处。

____

____

2. 评价鉴赏：欣赏材料三赵州桥桥栏上的图案，结合材料四，思考：赵州桥桥栏上雕刻龙有什么寓意？查找相关资料，说一说赵州桥的桥栏上还出现了哪些雕刻图案，又有哪些寓意。

____

____

3. 创意运用：赵州桥距今已有 1400 多年的历史，其间经过多次修缮。古桥保护是保护古代文化遗产的一项重要工作，我们该如何保护古桥呢？列出你的观点。（至少两点）

____

____

★阅读推荐★

书籍：《桥梁史话》（茅以升 / 著）

《卢沟桥的狮子》（林晓慧 / 著）

【项目作业二】表达与交流

1. 在广东梅菉镇，每年正月十五，当地居民都要用鲜花、彩带、灯笼、字画等，将一座拱桥装扮为“花桥”，人人都要“踩花桥”。你还知道哪些和桥有关的风俗节庆？这些风俗的背后又有着怎样的文化内涵呢？想一想，再和家人、朋友说一说。

图 6　梅菉桥梁节

2. 早在 13 世纪，卢沟桥就已闻名世界。马可·波罗曾说：“卢沟桥是世界上最好的、独一无二的，桥柱上的狮子是‘美的奇观’。”如果你和家人一起去卢沟桥游玩，你会如何向他们介绍呢？请你查阅资料，选择一个方面（造型特点、装饰图案、历史故事……）为卢沟桥写一份解说词吧。

图 7　卢沟桥

图 8　桥柱上的狮子

【项目作业三】梳理与探究

1. 欣赏了这么多造型各异的石拱桥，如果请你为家乡设计一座石拱桥，你会怎么设计呢？想一想，把它画下来，再为它取个名字吧。

______

2. 动手做一做：准备卡纸、黏土、一次性筷子、502 胶水，根据你的设计图做一个石拱桥的小模型吧！

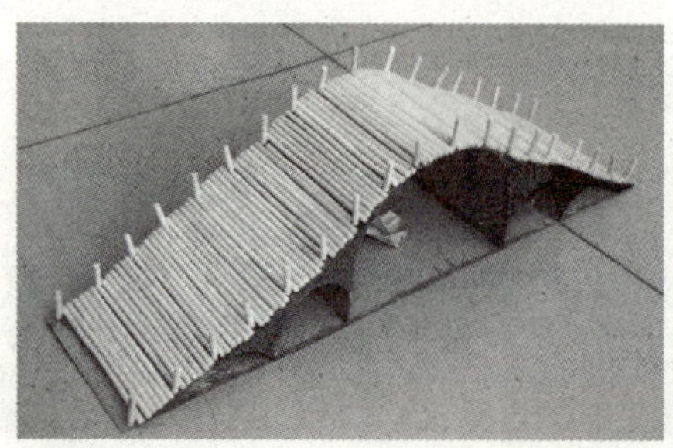

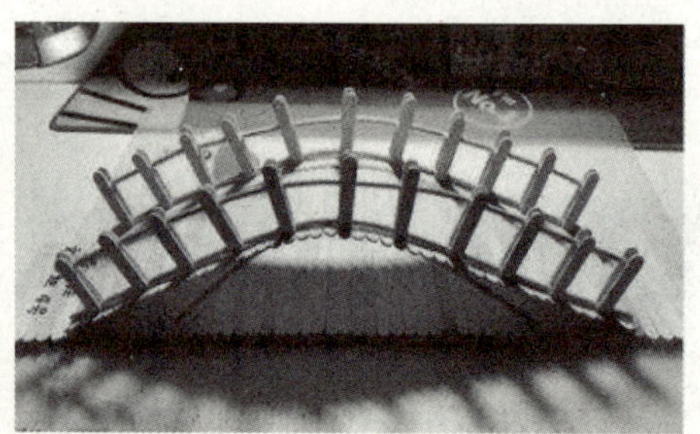

图 9　学生作品

知识补给站

1. 桥梁的定名方法

（1）讴歌桥梁功用。如“通济”“灭渡”“登瀛”，这种命名方式，既体现了先辈们改造自然，争取主动权的坚定意志，又起到鼓舞后人的作用。

（2）赞美桥梁形象。抓住拱桥的形象特点加以概括，如“虹桥”“花桥”“垂虹桥”“宝带桥”等。

（3）记录与桥相关的稗官野史。如贵州福泉的葛镜桥、四川成都的驷马桥。

（4）抒发思想感情。如浙江杭州西湖的“断桥”，其命名来自民间传说《白蛇传》。

（5）表示祝愿和希望。如“永安桥”“万福桥”“太平桥”，这类桥名表达了人们希望带来祥瑞和福气的美好愿望。

2. 石拱桥在现代桥梁中的应用

（1）世界跨度最大的石拱桥——丹河大桥

丹河大桥位于太行山脉南端，于 1997 年 11 月开工建设，2000 年 7 月建成。它的材料是古老的石材，设计创意也来自古老的拱形，但在现代设计和建造方法的指导上，它又拥有了现代桥梁的质量和美感。

（2）“渝东第一桥”——巫山长江大桥

巫山长江大桥，位于长江三峡段的巫峡入口处，桥址处为长江主航道，是一座钢管中承式拱桥。巫山长江大桥全长 612.2 米。

建筑中的“绿色音符”

造型新颖、风格多样的“世博”建筑，组成了世界博览会上最亮丽的一道风景线。这些建筑不仅外观奇特，还是一个个节能环保的“绿色音符”，为城市和谐、美好发展谱写了新乐章。让我们走近这一个个“绿色音符”，感受节能建筑的魅力吧！

活动过程

活动项目：了解世博建筑

活动场所：科技馆、图书馆（视安全以及当地情况而定）、家里

活动时长：30 分钟

活动流程：

查找上海世博会参展展览馆的资料，了解世博建筑中节能环保技术的运用。

欣赏中国馆，观察其造型，了解其环保新技术，和家人、朋友探讨交流。

用画笔勾勒中国馆的轮廓，感受中国馆的设计精妙之美。

学习过程

学习目标：

1. 能对艺术产生兴趣，了解世博建筑中的节能环保技术，欣赏现代建筑艺术之美。

2. 能利用多种信息渠道搜集资料，体会节能环保理念在建筑中的渗透。

学习项目：

【项目作业一】阅读与鉴赏

材料一：

“东方之冠”

材料二：

“东方之冠”是指 2010 年上海世博会中国国家馆，建筑以“城市发展中的中国智慧”为主题，由于外形酷似一顶古帽，而被命名为“东方之冠”。设计运用了中国传统建筑中的梁柱结构，塑造出标志性的斗冠形象，寓意“东方之冠，鼎盛中华”。

材料三：

作为上海世博会的“绿色地标”，中国馆古典大气的外部造型下，隐藏着许多环保新技术。而这些技术都是以“节能”二字为核心要求的。

首先，中国国家馆造型层叠出挑，在夏季上层形成对下层的自然遮阳，减少了降温所需的能耗。地区馆外廊为半室外玻璃廊，用被动式节能技术为地区馆提供冬季保温和夏季通风。地区馆屋顶“中国馆园”还将运用生态农业景观等技术措施有效实现隔热。

在建筑形体的设计层面，设计者力争实现单体建筑自身的减排降耗，在建筑表皮技术层面，充分考虑环境能源新技术应用的可能性。比如，所有的窗户都是使用低耗能的双层玻璃。此外，中国馆制冰技术的应用将大大降低用电负荷，建筑的节能系统将使能耗比传统模式降低 25% 以上。

中国馆不仅通风性能良好，还采用了许多太阳能技术。中国馆的顶部、外墙上装有太阳能电池，以确保提供强大的能源，有望使中国馆实现照明用电全部自给。在景观设计层面，加入循环自洁要素。在国家馆屋顶上设计的雨水收集系统，可以实现雨水的循环利用，利用天然的雨水进行绿化浇灌、道路冲洗。在地区馆南侧大台阶水景观和南面的园林设计中，引入小规模人工湿地技术，利用人工湿地的自洁能力，在不需要大量用地的前提下，为城市局部环境提供生态化的景观。

1. 比较分析：2010 年上海世博会的主题是“城市，让生活更美好”，请结合材料三，说一说“东方之冠”中节能环保新技术的应用和世博会的主题有什么关联。

2. 评价鉴赏：观察材料一中“东方之冠”的外形特点，结合材料二，说一说“东方之冠”美在哪儿，体现了怎样的中国文化和中国精神。

3. 创意运用：观察楼房的装修建筑特点（可以是家中），是否也有节能环保技术的应用？请至少写出两个。

★阅读推荐★

书籍：《文明闪耀时：了不起的建筑》（［英］埃里尔·纳什/著 ［葡］鲁伊·里卡多/绘 尚晋/译）

《如果我是建筑设计师》（［美］克里斯·范杜森/著 曹慧思/译）

【项目作业二】表达与交流

1. 节能环保建筑是现在社会发展的趋势，越来越多的人在装修时选择节能环保的建材，但也有人认为节能环保建材价格更贵，觉得没必要。你是如何看待的呢？与家人、朋友或同学交流你的看法。

2.2020 年迪拜世博会中国馆建筑名为“华夏之光”，寓意希望和光明。如果要将这座建筑介绍给你的朋友，你打算从哪方面介绍呢？（造型、色彩、节能环保技术、展馆亮点……）请你查阅资料，选择其中一个方面写清楚“华夏之光”的特点，试着用上恰当的说明方法。

“华夏之光”

【项目作业三】表达与交流

1. 请你设计一座绿色、可持续发展的新城市建筑，大胆想象，画一张构思图，并为它取个名字。

____

2. 学校的“节能环保宣传日”来了，请你做一份节能环保建筑的艺术小报，向大家宣传建筑中的这些“绿色音符”，为大家普及建筑中节能环保技术的应用吧。

知识补给站

1. 世博会场馆“节能环保”技术的应用

（1）日本馆——会呼吸的“紫蚕”

设计者：［日］彦坂裕

日本馆是一座会“呼吸”的展馆，紫色的膜其实是一层能发电会呼吸的膜。

（2）英国馆

设计者：［英］托马斯·赫斯维克

英国馆由 6 万根装有种子的触须组成，白天触须会像光纤一样传导光线，来提供内部照明。

2. 节能建筑的特点

（1）能减少能源消耗。设计、建造、使用等环节均能实现节能减耗。

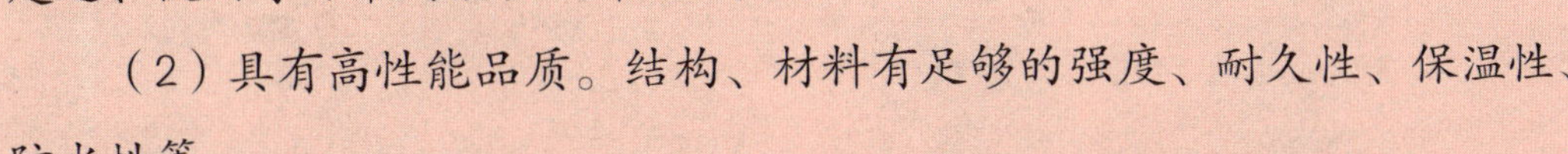

（2）具有高性能品质。结构、材料有足够的强度、耐久性、保温性、防水性等。

（3）能减少环境的污染。采用低污染材料和清洁能源，能最大限度降低对环境的影响。

（4）使用周期长。

（5）能回收利用。

幽幽茶香

打开中华五千年的文明发展书卷，几乎从每一页中都可以嗅到茶的清香。茶不仅是一种饮品，更是一种博大精深的文化；茶文化是中华传统文化的重要组成部分，也是中华文明长河中的一颗璀璨明珠。

活动项目：了解茶艺和茶道

活动场所：家里 、茶室、茶馆

活动时长：30 分钟

活动流程：

诵读《七碗茶诗》节选，感受饮茶的快乐。

了解泡茶的基本技艺，试着为家人泡一壶。

和家人一起品一品：闻香——赏茶色——品茶汤。

学习过程

学习目标：

1. 查阅品茶名人的作品，感受其饮茶的快乐。

2. 查阅饮茶的礼仪，编写茶谜，感受茶文化的艺术魅力。

学习项目：

【项目作业一】阅读与鉴赏

材料一：

一碗喉吻润，二碗破孤闷。
三碗搜枯肠，惟有文字五千卷。
四碗发轻汗，平生不平事，尽向毛孔散。
五碗肌骨清，六碗通仙灵。
七碗吃不得也，唯觉两腋习习清风生。

——［唐］卢仝《七碗茶诗》节选

材料二：

茶艺，既然是艺，就得讲究。一要好茶，选择名山秀水间的名茶；二要注意采摘时间，以清明前后的嫩叶最佳；三要精良制作，使茶的色、香、味、形上乘；四要择水，讲究水的源清、水甘、品活、质纯；五要择器，讲究壶与杯的质地与雅致，以宜兴的紫砂壶最受青睐；六是论制，讲究砌泡茶的方法，以潮汕一带工夫茶为例，冲泡茶有后火、虾须水（刚开未开之水）、伴茶、装茶、烫杯、热壶、高冲、低斟、盖沫、淋顶十道工序。泡好茶之后是行茶。客人在品茶时不能一饮而尽，而要让茶水巡舌而转，细细品尝，然后“亮杯底”，表示领受主人的厚谊，又赞美其茶艺。安溪铁观音茶艺有16道工序，武夷山茶艺有18道工序。既展示环境，又表现技艺，而后品茗。品茶者先观其色，再闻其香，后尝其味，体验饮茶之乐趣。

艺中有道，道中有艺，艺道相融，两者不可分离。茶，本身就是一片树叶，一片东方树叶，加以冲泡，是一杯有温度的清水，自然本色，清澈见底，体现清——清廉。冲泡茶时所需茶叶（木）、茶壶（土）、提壶（金）、煮茶（火）、山泉（水），五行俱备，体现和——和谐。沏泡茶的水温不能一烧开即冲，稍等片刻为宜，体现中庸。用茶待客，众人围坐，气氛欢乐。行茶时，饱含精茗的茶汤要巡回穿梭于杯间，称“关公跑城”，茶汤余津，点入各杯中，称“韩信点兵”。关公跑城、韩信点兵，体现精华均分、共享的大同精神。

茶道的清廉、中庸、喜乐的精神正中儒家“仁”的胸怀。“茶圣”陆羽强调，饮茶者须是精行俭德之人，把茶看作养廉、励志、雅志的手段。刘贞亮总结茶有“十德”，“以茶可养廉”“以茶可雅志”“以茶可交友”“以茶利仁礼”，把儒家的仁礼、中庸思想纳入茶道之中。颜回一箪食一瓢饮，虽在陋室，但不改其乐；苏轼好茶，以临溪品茗，吟诗作赋为乐事；李清照与丈夫赵明诚，以茶对诗，夫妻和乐，以至于茶汤泼到身上，仍不失风雅，被传为佳话。有朋自远方来，不亦乐乎？喜乐、乐观、乐感始终是茶人的追求，也奠定中国茶道的基调。

——苏祖荣《茶艺与茶道》

1. 分析归因：诵读材料一《七碗茶诗》节选，想象诗中描绘的情境，说说诗人饮茶后的心情。

____

____

2. 评价鉴赏：阅读材料二，说说茶艺需要讲究什么，茶道中蕴含着怎样的精神。

____

____

★阅读推荐★

书籍：《茶仙子 · 喝茶趣》（鲍丽丽 / 著）

《中国茶：一片绿叶的故事》（冯旭 / 著　王宇葳 / 绘）

歌曲：《七碗茶歌》（杨晨晖 / 演唱）

【项目作业二】表达与交流

1. 福建安溪铁观音是乌龙茶中的极品，在民间流传着一套简单易学、实用高雅的冲泡技艺，被称为生活茶艺。请将铁观音茶艺流程的序号填入相应的括号内。

①啜甘霖　②观音入宫　③悬壶高冲　④香茗敬宾

⑤关公巡城　⑥韩信点兵　⑦春风拂面　⑧白鹤沐浴

洗杯（　）　落茶（　）　冲茶（　）　刮泡沫（　）

倒茶（　）　点茶（　）　奉茶（　）　喝茶（　）

2.在我国茶区还广泛流传唐伯虎以谜会友的趣闻。一天，祝枝山刚踏进唐伯虎的书斋，就邀伯虎品茶猜谜。唐伯虎笑着说：“我这时正巧做了四个字谜，你要是猜不出恕不接待!”说完，徐徐吟出谜面：“言对青山青又青，两人土上说原因。三人牵牛缺只角，草木之中有一人。”不消片刻，祝枝山得意地敲了敲茶几说：“倒茶来!”和小伙伴交流，猜猜看这四个字谜是“______”。请你也尝试编几条“茶谜”，邀请小伙伴一起猜一猜。

谜面______________________________

____

____

谜底__________

【项目作业三】梳理与探究

1.“客来敬茶”，这是中国人重情好客的传统美德与礼节。猜猜下列四种礼节分别对应什么动作，又有何寓意，将礼节名称和对应的礼节连线，然后演一演。

鞠躬礼	将手弯曲，用几个指头轻叩桌面，以示谢忱。
伸掌礼	这是品茗过程中使用频率最高的礼节，表示“请”与“谢谢”。
叩指礼	用手提壶把，高冲低斟反复三次，寓意向来宾鞠躬三次，以示欢迎。
寓意礼	左手必须按顺时针方向，类似于招呼手势，寓意“来、来、来”，表示欢迎。反之则变成暗示挥斥“去、去、去”了。

2. 行茶礼，心感恩。做一回“小茶艺人”，运用自己掌握的泡茶的基本技艺，遵循行茶礼仪，为家人泡一壶盛满爱意的茶，和家人边品茶边猜茶谜，以谜会话。

知识补给站

1. 泡茶指南

茶叶种类	代表茶	适用茶具	水温	茶水比例	茶性	适宜人群
绿茶	西湖井茶 碧螺春 黄山毛峰 六安瓜片	玻璃杯 瓷器茶具	80-85℃	1g:50ml	性寒	高血压 小便不利 发热口渴
白茶	白毫银针 贡眉、寿眉 月光白 白牡丹	玻璃茶具 盖碗	85-95℃	1g:20ml	凉-平-温	抵抗力差 肠胃不好 铁钙缺乏
乌龙茶	武夷岩茶 铁观音 凤凰单丛 东方美人	盖碗 紫砂壶	90-100℃	1g:22ml	性平	精神不佳 肥胖油腻 消化不良
红茶	祁门红茶 正山小种 红功夫 坦洋功夫	盖碗 紫砂壶 玻璃杯	85-100℃	1g:20ml	性温	肠胃虚寒 抵抗衰老 调理肠道

2. 行茶禁忌

放置茶壶时，壶嘴不能正对他人，否则表示请人赶快离开。

斟茶时只斟七分即可，暗指“七分茶三分情”之意。俗话说，“茶满欺客”，茶满不便于握杯啜饮。

把酒言欢

> 酒，是社会发展到一定阶段的产物，是人类在社会发展中创造的物质文明，是人们聪明智慧的物化。酒的存在也带动了社会某些文化现象的产生，如酒令、喝酒礼俗等。

活动过程

活动项目：了解古代酒文化中的酒令文化和礼俗文化

活动场所：图书馆、家里 、博物馆

活动时长：30 分钟

活动流程：

观看《艺术很难吗》——《天下第一行书〈兰亭序〉》，了解“曲水流觞”的故事。

查阅资料，了解行酒令的不同方式。

大胆创编行酒令，感受酒文化的艺术魅力。

学习过程

学习目标：

1. 查阅整理资料，了解古代酒令文化，感受酒文化的源远流长。
2. 调查了解生活中的喝酒礼俗，感受生活中的酒文化。

学习项目：

【项目作业一】阅读与鉴赏

材料一：

酒令是有中国特色的酒文化，是酒席上的一种助兴游戏，一般是指席间推举一人为令官，余者听令轮流说诗词、联语或其他类似游戏，违令者或负者罚饮。中国历史上的酒令大致可分为雅令和通令两大类，其中又以雅令最受欢迎，“曲水流觞”就是古人饮酒行令的一种独特方式。

关于“曲水流觞”还有一段流传千古的佳话。

东晋永和九年，江南三月细雨绵绵，而上巳节这一天却格外晴朗。王羲之和名士谢安、谢绎、徐丰之等友人，着轻裘暖袍、木屐宽衣，踏着结实的步子，唱着愉快的歌谣，来到会稽山下的溪水旁，次第而坐，大家把玩着酒杯，和诗畅饮，好不惬意。闻讯赶来的文人席地而坐，加入其中，好不尽兴。

这群飘洒俊逸的文人总是向往自由和新奇，酒过三巡以后，突然有人建议做一个溪水传杯的游戏，将斟满美酒的杯子依次轻轻地放入河中，让那一盏盏精致的酒具，顺着水势，漂流而下，漂至谁的面前，谁就要将杯中的酒一饮而尽，然后立马赋诗一首，若是无诗可作，便要自罚三杯。这行酒令设得好生高雅！使用的酒具——觞也十分精巧！其质为陶或木，小而体轻，两边有耳，底部有托，晃晃悠悠浮于水中。

觞首先漂至谢绎的面前，他仰头大笑，端起酒杯一饮而尽，在醇厚绵柔的酒香中诗云："纵觞任所适，回波萦游鳞。千载同一朝，沐浴陶清尘。"当酒杯漂到徐丰之面前时，他亦一口干掉杯中酒，朗声吟道："清响拟丝竹，班荆对绮疏。零觞飞曲津，欢然朱颜舒。"这群文人墨客的行酒令并非只是饮酒作乐，贪图一时的享受，他们的杯杯酒中充满了对自然的探索和对生活的感激，盈满了生命的醇香和理想的豪迈。

就这样，随着喝空的酒壶越来越多，才情充沛的诗也作了不少，大家发现所作的四十四首诗竟然够编一本书了，便提议索性编一部诗集。于是，作序的任务理所当然地就落到了王羲之头上。王羲之将整颗心都沉浸在了这曲水流觞中，听着山间的鸟鸣声和泉水汩汩，满腹的诗意缠绕着酒的香醇在墨香中倾泻而出。酒酣之中灵感纷至，意到笔随，一挥而就。于是，闻名于世的《兰亭集序》就这样被如溪的酒水催生了。

王羲之做梦也没有想到，自己因酒酣后淋漓酣畅所写的《兰亭集序》会成为"天下第一行书"。酒醒后，王羲之多次尝试，却再也写不出这样的好字了。是当时的酒，是当时的诗，是当时的情，铸就了这天下第一行书。酒醉，使他心地单纯，使他胸怀酣畅，使他天真赤诚。在魏晋时代，政治的严酷使他失去了太多的自由，唯有酒，才打开了他天性的枷锁，使他在半醉之中，流露出一个无拘无束的灵魂，从而写出"天下第一行书"而千古留名。

材料二：

"飞花令"本是中国古代喝酒时用来罚酒助兴的酒令。不过，它比"五魁首，六六六"之类的民间酒令难多了，没有诗词基础的人根本玩不转它，所以这种酒令也成了文人墨客们的最爱。追根溯源，"飞花"一词出自唐代诗人韩翃《寒食》诗中的"春城无处不飞花"一句。最基本的飞花令诗句中必须含有“花”字，而且对“花”字出现的位置同样有着严格的要求。行令人可背诵前人诗句，也可现场吟作。行令人一个接一个，当作不出诗、背不出诗或作错、背错时，由酒令官命其喝酒。例如：花开堪折直须折，第一字是花；落花人独立，第二字是花；感时花溅泪，第三字是花……以此类推。此外，还有另外一种行令方法：行“飞花令”时，诗句中第几个字为“花”，即按一定顺序由第几个人喝酒。如巴金的《家》中有这样一段描写：“淑英说一句‘落花时节又逢君’，又该下边的淑华吃酒。”

1. 获取信息：“曲水流觞”中的酒具可能是下列哪幅图片（　　）

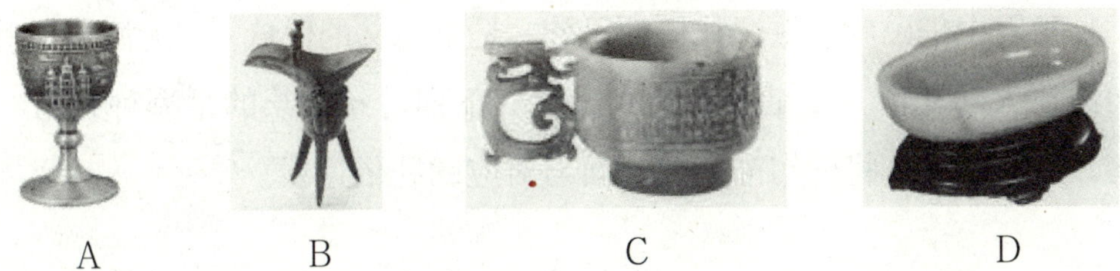

A　　B　　C　　D

2. 比较鉴赏：结合材料一和材料二，说说古人行酒令的方式有哪些，两者有什么不同。

____

____

★阅读推荐★

书籍：《泥巴酿酒》（如意、王早早 / 著）

《酒令天下乐》（伊鸣、煜昊 / 编著）

舞蹈：《流觞》

【项目作业二】表达与交流

1. 好的酒令不但令人感到惊喜，也能道出行令人的心境。大胆创编一个文字游戏的酒令，并写明规则。例如：诗令、成语回环令、拆字令、绕口令、四字令等。

2. 和小伙伴、家人玩一玩自己编写的酒令。

【项目作业三】梳理与探究

1. 我们中华民族是重视礼仪的民族，是重情义的民族。“无酒不成礼”，故而酒在人际礼俗上更是大有用武之地。下列诗句描绘的是哪种礼俗？诵读诗句，想象画面，将诗句描绘的画面与对应的礼俗连线。

“拦门凳上酒歌盅，一盏扶来也倒松。”	饯行酒
“驱车百余里，本家新添丁。谁差一杯酒，往来场面呜。”	接风酒
“一生大笑能几回，斗酒相逢须醉倒。”	添丁酒
“劝君更尽一杯酒，西出阳关无故人。”	拦门酒

2. 向家里的长辈请教当地特色的喝酒礼俗并记录。

我的家乡	当地酒俗	特色

知识补给站

徐文长行酒令

明代绍兴才子徐文长自幼聪慧，才智超凡。有一天，他和六位文友一起喝酒。这六个人事先商量好要捉弄他。在他们的安排下，一共摆上六个菜。按年龄大小行酒令，每个酒令要说出一个典故，如果和桌子上的菜肴有关，就可以把这盘菜拿去吃，如果说不出，则不可以吃菜。

约法三章之后，令官（年龄最大的）说："姜太公钓鱼。"说罢，把那盘鱼抢到自己面前。

第二个人说："时迁偷鸡。"说完就把鸡肉端到自己面前。

第三个人说："张飞卖肉。"然后拿了那碗猪肉。

第四个人说："苏武牧羊。"不客气地把羊肉端去了。

第五个人说："朱元璋杀牛。"话音一落，就去端牛肉了。眼看桌子上只剩下一盘青菜。

第六个人只好说："刘备种菜。"把青菜也拿走了。

而轮到徐文长时，桌子上已经无菜可拿了。

这时只听令官说："酒令行过，大家不要客气，各吃各的吧。"这时徐文长不慌不忙地说："且慢！我还没有说呢。"接着两袖一拂，作出手势，说了一个酒令，一下子把六盘菜都搬了过去。想想看，徐文长说了什么？

（"嘟！秦始皇并吞六国。"）

纸寿千年——东巴纸

“造纸术的发明，是中国对世界文明的伟大贡献之一。”纸发明于西汉时期，东汉元兴元年（105）蔡伦改进了造纸术，成为现代纸的渊源。“纸”——至无止境，在今中国云南丽江纳西族中，有一种纸素有“纸寿千年”之称，这便是非物质文化遗产——东巴纸。

活动项目：了解并尝试制作东巴纸

活动场所：博物馆、手作工作室、家里

活动时长：60 分钟

活动流程：

查阅东巴纸相关资料，观看《传统工艺 2：东巴造纸》视频，了解东巴纸的历史文化价值。

制作手工纸：（可网购手工纸 DIY 材料包）

（1）取 20–30 克纸浆兑 2–3 升水，搅拌均匀后，加入造纸胶。

（2）将造纸框放入纸浆水中左右晃动，让纸浆附着在网框中。

（3）在网框的纸浆上放上干花进行装饰，再轻轻盖上一层薄纸浆。

（4）将造好的纸连同纸框放在通风、有阳光的地方晾干。

学习过程

学习目标：

1. 搜集阅读东巴纸的相关资料，了解东巴纸的历史及特征。

2. 阅读东巴纸的制作过程，制作东巴纸，感受中华传统文化，体验劳动和创造的快乐。

学习项目：

【项目作业一】阅读与鉴赏

材料一：

对于东巴纸，请记住一个名字——和圣文

云南丽江不仅有着秀丽的风光，也有着目前我国保存最好的民族文化——东巴文化。而东巴文字，也是目前世界上唯一存活的远古文字。作为古老文明的传承工具，东巴纸也是一种非常神奇的东西：它不怕风吹日晒，不怕虫咬雨淋，纸张历久弥坚，字迹不会褪色。然而，这种传承东巴文化的纸张却因为种种原因失传了很久。一个普通的纳西族农民——和圣文经过一番努力，终于让古老的东巴纸起死回生。

很久以前，丽江的纳西族人创造了以象形文字为代表的东巴文化，并在东巴纸上创作了大量的艺术作品，由于东巴纸结实 、易保存，这些作品被完

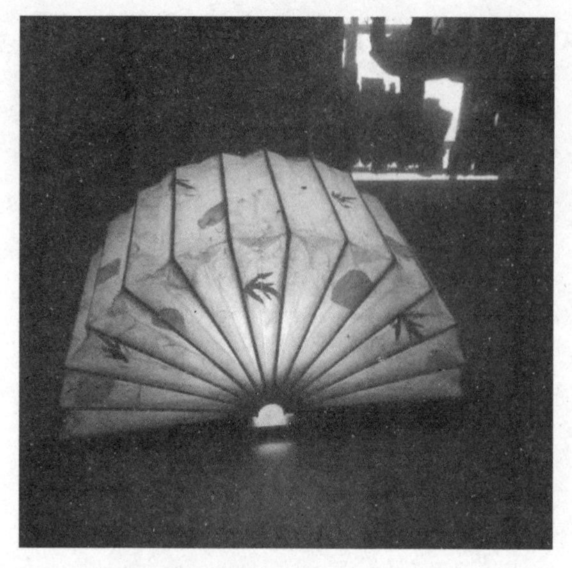

好地保留了几百年。不过前些年由于种种原因，东巴的造纸技术却险些失传。

和圣文的家乡——肯配古村曾经盛产东巴纸。十多年前，和圣文去丽江办事，遇上了东巴研究所的和即贵老先生，老先生和他聊起了东巴造纸。

和圣文虽然没见过长辈们造纸，但他曾不止一次听母亲讲起过造纸的事，他知道东巴纸所用的主要原料是一种叫山棉皮的植物，以前他的家乡肯配古村就是因为盛产山棉皮而成为丽江最有名的东巴纸产地。于是他决定要传承东巴纸的造纸术。

然而，做起来却并不容易。前些年人们发现山棉皮可以用来做蜡纸，因此进行了大量采集，剩下的山棉皮数量已经不多了，和圣文和儿子有时一天采回的原料还不够做一张纸的。

由于造纸过程全部是手工操作，因此全家人一起动手每天也只能做几张纸。再加上东巴纸只有在阳光下晒干才会白，阴雨天不能生产。这样一年过去了，和圣文只做出了二十三张纸，但他心里却有满满的幸福。

为了能大量生产东巴纸，他尝试着大面积种植山棉皮，从而解决原料不足的问题。成功后他想带动几户村民一起造纸，让这一古老的技术能在肯配古村被更好地继承和发展。

东巴纸的主要用途是书写东巴经文，被称为“文字活化石”的东巴文字就是通过东巴经书得以流传的。和圣文认为，古老的东巴造纸术是古老文明的重要组成部分，他不能让古老的东巴文明在自己这一代人手中失传了。和圣文又试着恢复生产东巴黝地，他想把东巴文化中的文房四宝都恢复起来，让古老的文明再现璀璨的光芒。

材料二：

东巴纸的起源

大家都说我是一种十分珍稀的少数民族手工纸。我原本是纳西族东巴祭司用来记录东巴经和绘制东巴画的一种专用纸，我出生于唐朝（618 年—907 年），距今已有 1200 多年历史。我的主人云南丽江纳西族人民以天然树皮为原料，手工精心加工，工艺完全沿袭唐代的特点。我是当今世界上最古老、最原始的手工造纸，有人类手工造纸“活化石”之称。我还在传统基础上发展了书画纸、装裱、高档名片、压花书签、压草封活面藏经纸等系列，由于工艺精美，我深受大家的欢迎。

东巴纸的特征

很久以前，我主要用于抄写东巴经书。我厚实，耐磨，防虫蛀，较光滑，呈象牙色。我是中国所有的手工纸中最厚的，耐磨损。在中国传统的手工纸中，唯有厚实的我才可以双面书写。我是以荛花韧皮为原材料制成的。荛花有微毒，所以具有抗虫、抗蛀、保存时间特别长的特性。我的寿命可达八百年至一千年，纳西族民间有“东巴纸纸寿千年”的说法。

东巴纸的材料

我的制造采用当地独有的一种植物“阿当达”，即瑞香科丽江荛花为主要原料。

东巴纸的制作技术、方法或过程

制作我需要经过采集原料、晒干、浸泡、蒸煮、洗涤、舂料、再舂料、浇纸、贴纸、晒纸等环节，好好珍惜我吧！

1. 获取信息：阅读材料一、材料二，整理相关信息，将东巴纸的特点有条理地梳理出来。

2. 比较鉴赏：两段材料用了不同的方式写东巴纸，你更喜欢哪一种？说说你的理由。

★阅读推荐★

书籍：《记忆的宝藏：非遗大揭秘 》（米莱童书 / 绘、著）

《中华遗产》（2018 年 7 月刊，中国纸专辑 + 中国传统手工纸）

【项目作业二】表达与交流

拍摄自己动手制作东巴纸的视频，并为自己拍摄的视频撰写播音稿件。

【项目作业三】梳理与探究

1. 观看《传统工艺 2：东巴造纸》视频，画出东巴纸制作的思维导图。

东巴纸制作过程

2. 读懂“古法造纸术 DIY 资料包”的说明书，根据说明书制作“纸”，并拍摄视频。（备注：资料包可搜索“儿童古法造纸术 DIY”购买）

知识补给站

两种传统造纸法：

浇纸法

傣族、藏族和维吾尔族的浇纸法是用固定式帘模，纸料放到或纸浆浇到帘模的上面。固定式帘模是平放在水面上的，一帘一纸配合进行浇纸。造纸时要准备很多固定式帘模。

抄纸法

抄纸法采用的是活动式抄纸，白族、壮族、苗族等都采用这种方法。

典型的抄纸法是纸料放在水槽里成浆后，只使用一个帘模，用帘模把槽中的纸浆抄出来后，置放在旁边的平台上滤水，当平台上的湿纸积累到一定程度后，就可使用造纸作坊中的木架式榨具进行压榨。

流传千古的美味——东坡肉

中国的传统饮食文化博大精深，源远流长。美食背后可能是缠绵悱恻的故事，可能是奇特别致的风情，既有庙堂雅趣，更有世俗风流。让我们一起去品味千古美食——东坡肉，品读唇齿之间的韵味与文化。

活动过程

活动项目：品尝东坡肉，感受传统美食背后的文化

活动场所：家中、酒楼

活动时长：30 分钟

活动流程：

和家人到附近的酒店品尝东坡肉。

查找资料，了解东坡肉的故事。

把搜集的东坡肉起源的故事讲给小伙伴听。

学习过程

学习目标：

1. 能利用多种信息渠道获取资料。

2. 了解东坡肉相关的故事，感受传统饮食背后的文化。

学习项目：

【项目作业一】阅读与鉴赏

大俗大雅东坡肉

中国自古不乏爱好美食的文人，但爱好做饭的文人却并不常见。孟子说过，“君子远庖厨”，品鉴美食是件风雅事，操刀上阵就未免失身份。苏轼偏不在乎，他不仅爱吃，还极爱下厨房，以大胆的创意和实践精神，做出许多流传至今的名菜。“东坡鱼”“东坡肘子”“东坡羹”“东坡豆腐”等，和他的诗词文章一样，“脍炙人口”。其中最著名的，要数“东坡肉”。

只要吃过地道东坡肉的，都能体会它与其他做法的红烧肉相比别有一番匠心。单说卖相，四四方方一块，勾勒红艳的糖色，捆着十字形稻草，置于小巧的陶罐或白瓷罐里，一客一例。端上来感觉不是一道扎实的“硬菜”，倒像一份精致的点心，一看就是风雅之士的手笔。只是东坡肉这名字，乍一听真有点“不是滋味”，一代文豪，怎么和猪肉挂上了钩？猪肉大概是禽畜类肉食中最平凡的一种。苏轼若一生顺风顺水，也许就不会在猪肉上花费如此构思，后人也就无此口福。

苏轼性情率真，生不逢时，早年因直言反对王安石变法，得罪了不少朝中权贵，也得罪了支持变法的宋神宗。他自请外放杭州任职，在到任后的谢恩奏章上，他又按捺不住写了几句暗讽朝廷当权派的话，一下被抓住把柄，遭遇小人联名弹劾。这就是北宋文字狱大案“乌台诗案”。多人受苏轼牵连遭贬谪流放，苏轼本人被囚 103 天，险些丧命。最终于元丰三年（1080）被贬至湖北黄州，即今天的黄冈。

黄州是苏轼人生最苦难的驿站，在这里他为自己取了“东坡居士”的名号。刚到黄州，他就写下：“自笑平生为口忙，老来事业转荒唐。”这为“口”忙，一语双关，既指他仕途坎坷皆因祸从口出，也指他爱好美食，为了满足口腹之乐没少忙活。当时的黄州偏远贫困，饮食发达程度远不如他的故乡天府四川，更不如鱼米之乡杭州。

他的目光首先锁定在猪肉上。黄州猪肉又多又便宜，有钱人家不屑买，老百姓不会做，苏轼觉得好可惜。他“研发”出烹调猪肉的窍门：少水，文火。为此得意地写下一首烟火味十足的《猪肉颂》：

洗净铛，少着水，
柴头罨烟焰不起。
待它自熟莫催它，
火候足时它自美。
黄州好猪肉，价贱如泥土。
贵者不肯食，贫者不解煮。
早晨起来打两碗，饱得自家君莫管。

1084 年，宋神宗驾崩，年幼的哲宗继位。以王安石为首的新党被打压，苏轼被召还朝。看到卷土重来的保守势力拼命压制王安石集团，尽废新法，矫枉过正，诗人心灰意冷，慨叹新党旧党一丘之貉。他再度自求外放，回到阔别十六年的杭州当知州。他疏浚西湖，用挖出的泥筑了一道堤坝，这就是今天人们看到的杨柳依依的“苏堤”。杭州居民想要答谢苏知州，打听到他在黄州时爱吃猪肉，过年时争相担肉来给太守拜年。苏轼命厨师将这些猪肉切成大块，用他的传统办法“少着水、慢着火”来煮熟，送给疏浚河道的河工及百姓。他还特别嘱托，一道送上杭州人爱喝的黄酒。据民间传言，那位厨师把“连酒一起送”理解成“连酒一起烧”。就这样，沁着酒香的酥烂红烧肉诞生，大受欢迎，从此流传开来。

非凡的味道来源于美丽的误会，几乎一切传统美食都有类似版本的传说。东坡肉是否以此种方式被发明出来，难以考证。能确定的是，苏轼在饮食方面确实有化腐朽为神奇的魔力。他一生写作有关饮食的诗词达 400 多首，描写对象大多不是山珍海味、玉液琼浆，只是一些常见食材和他自酿的米酒。经他之手烹调，又经他之笔润色，点石成金。即使被贬到蛮荒至极的海南，他也能写出这样老顽童似的句子：“日啖荔枝三百颗，不辞常作岭南人。”东坡毫不掩饰自己吃肉的爱好，正所谓“真名士自风流”，他把世俗欲望坦白到了极致，便由大俗进入大雅的境界。他用平凡的猪肉创制的东坡肉，和他的诗文风格颇有相通之处：从无生僻字词，读来却壮丽浓烈、醇厚脱俗。

——摘自《文史参考》

1. 获取信息：宋代著名的文学家苏东坡，一生成就无数，被誉为杰出的诗人、词人、书法家、画家，同时他也是一位热爱生活的美食家。列举出传说由他创造并命名的美食______________。

2.评价鉴赏：用“________”勾画出文中描写东坡肉的语句，再结合《猪肉颂》，写一写你对“他用平凡的猪肉创制的东坡肉，和他的诗文风格颇有相通之处：从无生僻字词，读来却壮丽浓烈、醇厚脱俗”的理解。

____

____

★阅读推荐★

纪录片：《舌尖上的中国 3——东坡肉》

书籍：《少年中华美食历史故事》（侯召明 / 著）

【项目作业二】表达与交流

1. 将“东坡肉”诞生的故事绘声绘色地讲给爸爸妈妈听。

2. 给“东坡肉”做一份招揽顾客的广告吧！广告中除了介绍“东坡肉”的色香味，还要让读者领略到“东坡肉”背后的文化，可以配上图片喔。

【项目作业三】梳理与探究

1. 搜集和苏东坡有关的美食，制作一张“东坡美食”图谱。

2. 带上你的“东坡美食”图谱，把其中的美食介绍给小伙伴。

知识补给站

东坡肉相传为北宋文学家苏轼所创制，原型是徐州回赠肉，为徐州“东坡四珍”之一。元丰三年（1080）二月一日，苏轼被贬到黄州任团练副使。于是他便在黄州城外的东坡上开荒种地，自号“东坡居士”。苏轼在黄州期间，亲自动手烹饪红烧肉并将经验写入《猪肉颂》中。苏轼在徐州及黄州时烹制的红烧肉，只是在当地有影响。真正闻名全国的红烧肉，是苏轼第二次在杭州时制作的“东坡肉”。

走进动画艺术“审美圈”

“电影的发明使我们的人生延长了三倍，因为我们在里面获得了至少两倍不同的人生经验。”一部好的电影能影响人的心情、心态、视野、思想……对于正值成长期的孩子来说，在家人的陪伴下欣赏一部好的电影，不仅可以收获欢笑与感动，更多的还有审美力的培养、想象力的拓展，并从中发现爱、感受爱……

活动项目：观看电影《飞屋环游记》，探索动画艺术的美

活动场所：电影院或家中

活动时长：30 分钟

活动流程：

欣赏影片《飞屋环游记》。

说说影片中印象最深刻的角色是谁，并和家人交流理由。

选择一个你最喜欢的片段，尝试配音。

学习过程

学习目标：

1. 查阅整理资料，观看影片，了解动画片形象塑造的一些基本规律，培养艺术审美力。

2. 通过对电影剧情的揣摩，感受电影的叙事方式，尝试写几句简单的影评。

学习项目：

【项目作业一】阅读与鉴赏

材料一：

图 1 主要角色的几何造型设定

图 2 角色造型草图

图 3 罗素与卡尔的整体

图 4 片中用汽水瓶盖做的徽章

图 5 徽章的细节

材料二：

几何与动画角色设定

杨瑛

《飞屋环游记》讲述了一个70岁的老人为了纪念他逝去的妻子，在偶然的情况下与一个8岁的亚裔小男孩罗素、一只大鸟和一只名叫道格的狗一起经历的冒险之旅。该片获得第82届奥斯卡金像奖最佳动画长片奖。

《飞屋环游记》在角色设定的过程中，巧妙地运用了模式化的几何造型，成功塑造了片中各角色富有魅力的视觉化形象。

根据剧情和角色性格特征，将各角色造型首先概括为简单的几何形态的组合，是动漫造型设计的前期步骤之一。该片的角色设定中亦把这种模式化的几何造型运用到极致。例如，材料一的图1和图2分别为片中主要角色的几何造型设定和根据该几何造型设定所绘制的角色造型草图。依图示可知卡尔是一个方形，就像个箱子，象征着卡尔是个固执地把自己关在自己的世界里的人。而艾莉是个椭圆，是气球，象征着艾莉轻飘飘的，十分活跃，仿佛永远无法被束缚于这片大地上。方形的卡尔与由各种不同的曲线或圆形构成的艾莉、罗素和道格等形成了强烈的对比，这种对比也正是故事中的人物之间产生的性格冲突及其所引发的故事冲突。

除此以外，《飞屋环游记》中的这种模型化的几何造型不仅运用在角色整体外形的设计上，其细节的处理同样也贯穿和使用了类似的象征方法。如图4所示，卡尔从小到大所佩戴的标志性的大方形眼镜和罗素身上热闹非凡的各种道具：圆形的小号、圆形的探照灯、圆形的杯子、圆形的平底锅、圆形的水壶和圆形的徽章……

《飞屋环游记》还巧妙地将几何造型的对比，准确有效地映射到各角色性格的对比中。人类在长期的社会生活中积累了对不同几何形体的象征性认识：圆形代表圆润、可爱、圆满或者活泼；方形代表稳重或呆板；三角形代表尖锐；不规则图形代表随意或危险。

此片的角色设定中就巧妙地使用了这种象征性认识，如方形和圆形的对立表现—— 圆形代表未来，方形代表过去。如材料一的图3所示，卡尔的造型是以方形为基本图形元素，代表固守过去、执拗和坚持；而由圆形或曲线所塑造的艾莉、罗素和道格等则代表着积极前进的未来型人格。通过模型化的几何造型以高效的视觉传达方式简化故事主题，十分令人称赞。

——节选自《梦想世界中简单的美》

1. 理解总结：阅读材料一、二，总结出《飞屋环游记》在角色设定的过程中，巧妙地运用几何造型，成功塑造角色的方法。

____

____

2. 分析鉴赏：选择《飞屋环游记》中的一个人物形象，根据材料一、二推测这个角色的性格特征，并说明推测理由。

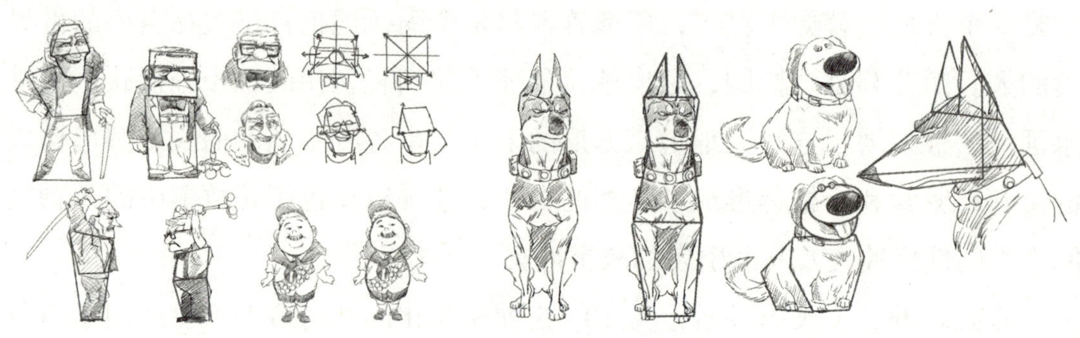

图 / 邓龙舸

____

3. 创意运用：如果为“猎人海力布”设计一个动画人物形象，你会选用什么几何造型？还会给他设计一些什么细节？和小伙伴讨论讨论。

★阅读推荐★

电影：《寻梦环游记》

书籍：《迪士尼大电影双语阅读》（美国迪士尼公司 / 著　洪晓丹、吴秀秀 / 译）

【项目作业二】表达与交流

1. 观看电影《寻梦环游记》，借助下列表格，向朋友讲述故事内容。

主要人物	
目标	
困难	
过程	
结果	
意外	
转折	
结局	

2. 结合自己的观影感受，任意选择两个角度，给《飞屋环游记》这部电影写一份短影评。

【项目作业三】梳理与探究

1. 看完电影后，你心中的“飞屋”是什么样的？和小伙伴交流交流，再用画笔、黏土、积木等材料，创作一幢属于你自己的冒险“飞屋”。

2.《飞屋环游记》故事板

卡尔和艾莉第一次见面擦出火花的过程是那么生动与浪漫，这都要归功于该场景的故事板。故事板突出了场景所需的必要细节，注意观察卡尔在艾莉为他戴上徽章后低头看他戴徽章的方式，以及他回头看时的微笑。

你能试着将你的梦境用简单“故事板”（4–8 幅图）的方式记录下来吗？

知识补给站

1.“动画故事板”是动画前期的关键性步骤，能将剧本文字转化为视觉效果。一个标准的故事板包含三类主要信息，即讲故事的场景顺序，观众将在屏幕上听到或看到什么，为每个场景提供的摄影技术信息。故事板中包含的元素有：摄像机早期拍摄想法、镜头过渡方式、每个镜头的视觉效果、音频注释和一些关键人物的姿势或场景事件。

2.故事板可以是简单的基本草图，也可以是由故事板艺术家团队使用最新的软件和数字艺术工具对初步想法进行的全面描述。对于一些动画，故事板甚至需要上色，而在其他动画中，一个轮廓就足够了。

蒙太奇的组合与创造

对于电影艺术家来说，蒙太奇是第一流的创作手段，它能进一步强调或丰富所描绘的事件的意义，而文学艺术中蒙太奇的手法更是源远流长。《文心雕龙·章句》中就提出“搜句忌于颠倒，裁章贵于顺序”的蒙太奇手法，今天就让我们一同感受蒙太奇的艺术魅力。

活动项目：了解蒙太奇的艺术手法

活动场所：家中、电影院或图书馆

活动时长：30 分钟

活动流程：

了解电影中的蒙太奇手法。

查一查哪些电影运用了蒙太奇手法。

观看一个运用了蒙太奇手法拍摄的电影片段，思考在电影中运用蒙太奇手法的好处。

学习目标：

1. 利用多渠道了解蒙太奇的含义与类别。
2. 通过阅读，感受蒙太奇在文学中的运用。

学习项目：

【项目作业一】阅读与鉴赏

材料一：

蒙太奇原本是一个建筑学上的术语，意为装配、构成，后被借用到电影上，用来表现电影的剪辑、组合，也就是镜头的组接。我国著名的电影艺术家夏衍曾解释道："蒙太奇，实际上就等于文章的句法和篇章，也就是依照情节的发展、观众注意力和关心的程度，把一个个镜头合乎逻辑地、有节奏地连接起来，使观众得到一个明确、生动的印象或感觉，从而使他们正确地了解一件事情的发展的一种技巧。"

蒙太奇分为叙事蒙太奇和表现蒙太奇两大类。叙事蒙太奇包含连续蒙太奇、交叉蒙太奇等；表现蒙太奇包含对比蒙太奇、抒情蒙太奇、重复蒙太奇等。

连续蒙太奇是由按照单一的情节线索组织镜头，具有流畅自然、节奏分明的特点。它相当于文学中的顺叙，主要用来表现故事情节线索的依次展开。

交叉蒙太奇是由平行蒙太奇发展而来的，是平行动作或场景的迅速交替，它表现的是两条以上的具有因果关系或呼应关系的情节线索的发展。这种方法能造成激烈紧张的氛围，制造悬念，扣人心弦，通常用作追捕场面和惊险的情节。

对比蒙太奇是将内容和形式上有强烈对比的画面、场面或段落组接在一起，通过画面间的对比、衬托，以表达创作者的某种寓意或强化所表现的内容、情绪和思想。这种手段类似于文学中“四海无闲田，农夫犹饿死”的对比写法。

抒情蒙太奇是保证叙事连贯性的同时，利用这种连贯性表现出某种超越剧情之上的思想和情感的蒙太奇，这往往抒发了作者与人物的情感。例如：《泰坦尼克号》在露丝登上救生艇离开杰克时响起《我心永恒》的歌声，以表达生离死别之情。

重复蒙太奇是在影片中重复出现某个画面、细节、场景等，起到提醒、强调、回忆的作用，以此突出思想，强调感情，加强画面的节奏感。

——选自《电影艺术研究与经典赏析》

材料二：

如果我们放弃这片土地，转让给你们，你们一定要记住：这片土地是神圣的。河水是我们的兄弟，也是你们的兄弟。你们应该像善待自己的兄弟那样，善待我们的河水。

如果我们放弃这片土地，转让给你们，你们一定要记住：这片土地是神圣的。空气与它滋养的生命是一体的，清风给了我们的祖先第一口呼吸，也送走了祖先的最后一声叹息。同样，空气也会给我们的子孙和所有的生物以生命。你们要照管好它，使你们也能够品尝风经过草地后的甜美味道。

如果我们放弃这片土地，转让给你们，你们一定要记住：这片土地是神圣的。你们一定要照顾好这片土地上的动物。没有了动物，人类会怎样？如果所有的动物都死去了，人类也会灭亡。降临到动物身上的命运终究也会降临到人类身上。

——选自《这片土地是神圣的》

1. 获取信息：说一说运用交叉蒙太奇这一手法有什么好处。

2. 阅读鉴赏：结合材料一的内容，认真阅读并赏析材料二，谈一谈材料二运用了什么蒙太奇手法，这样写有什么作用。

★阅读推荐★

电影：《罗拉快跑》《傲慢与偏见》

【项目作业二】表达与交流

1. 将你所了解到的蒙太奇手法与家人、朋友讲一讲。要求：抓住重点简要讲解，做到表达清晰、有条理，并适当加入一些故事情节的描写。

2. 运用蒙太奇手法写一段话。（提示：可模仿《这片土地是神圣的》，也可结合自己所积累的材料进行编写。）

【项目作业三】梳理与探究

1. 观看电影《少年的你》，选择你喜欢的情节，当一回小小解说员。

2. 电影《城南旧事》中多次出现井窝子、操场放学、秋千等，是用了哪种蒙太奇手法？（　　）

A. 连续蒙太奇　B. 抒情蒙太奇　C. 重复蒙太奇　D. 交叉蒙太奇

知识补给站

1. 蒙太奇的功能：叙述故事，表达情感，阐述思想，创造节奏。

2. 蒙太奇的类别划分：爱森斯坦将蒙太奇分为节奏蒙太奇、长度蒙太奇、音调蒙太奇、理性蒙太奇、谐调蒙太奇；普多夫金将蒙太奇分为对比蒙太奇、平行蒙太奇、比拟蒙太奇、交替蒙太奇、主题蒙太奇。

意蕴深远的象征艺术

象征是一种古老的表现手法，在诗歌、散文、电影中，经常能看到这一艺术手法。它不仅能够激发悠远的情思，富有意境美，还能用来讽刺丑恶的事物或现象。一起来发现文章与电影中关于象征手法的奥秘吧！

活动过程

活动项目：了解象征手法

活动场所：家中、电影院或图书馆

活动时长：30分钟

活动流程：

观看电影《小王子》，简要讲讲令你印象最深的画面。

和家人讨论片中的小王子、小女孩、成年后的小王子、国王、自大狂、商人分别象征什么。

任选“岁寒三友”其中之一欣赏欣赏，说说其象征什么，感受象征手法的艺术价值。

学习过程

学习目标：

1. 能利用多种信息渠道获取资料，了解象征手法。
2. 通过阅读与欣赏电影，体会象征手法的艺术价值。

学习项目：

【项目作业一】阅读与鉴赏

材料一：

象征是通过容易引起联想的事物形象来表达某种概念、思想和感情的艺术手法。象征体和本体之间需要有某种相似的特点，以此借助读者的想象和联想把它们联系起来。例如蜡烛，象征着无私奉献和光明，这可以使我们联想到老师、医护人员、警察等人物。因此蜡烛是舍己为人的象征。

象征手法的作用，一是把抽象的事物表现为具体的形象；二是使文章更含蓄、富有意境美，通过眼前之物的运用，来寄托深远的情思。

材料二：

《小王子》电影中可以看到老飞行员的家与现代社会是格格不入的，在这里所有的物体都充满活力与生机，伴着欢快的音乐，老飞行员白天修理自己破旧的飞机，晚上就拿着大望远镜看天上的繁星。即使邻居们对他十分冷漠，他还是会欢快地跟大家打招呼，想和人们交朋友。这样一位老飞行员的人物形象象征着从未遗忘童真的成年人。

材料三：

《白杨礼赞》（节选）

那是力争上游的一种树，笔直的干，笔直的枝。它的干呢，通常是丈把高，像是加过人工似的，一丈以内，绝无旁枝。它所有的丫枝一律向上，而且紧紧靠拢，也像是加过人工似的成为一束，绝不旁斜逸出。它的宽大的叶子也是片片向上，几乎没有斜生的，更不用说倒垂了。它的皮光滑而有银色的晕圈，微微泛出淡青色。这是虽在北方的风雪的压迫下却保持着倔强挺立的一种树。哪怕只有碗那样粗细，它却努力向上发展，高到丈许，两丈，参天耸立，不折不挠，对抗着西北风。

这就是白杨树，西北极普通的一种树，然而决不是平凡的树。

它没有婆娑的姿态，没有屈曲盘旋的虬枝。也许你要说它不美。如果美是专指“婆娑”或“旁斜逸出”之类而言，那么，白杨树算不得树中的好女子。但是它却是伟岸，正直，朴质，严肃，也不缺乏温和，更不用提它的坚强不屈与挺拔，它是树中的伟丈夫。当你在积雪初融的高原上走过，看见平坦的大地上傲然挺立这么一株或一排白杨树，难道你就只觉得它只是树，难道你就不想到它的朴质，严肃，坚强不屈，至少也象征了北方的农民？难道你竟一点也不联想到，在敌后的广大土地上，到处有坚强不屈，就像这白杨树一样傲然挺立的守卫他们家乡的哨兵？难道你又不更远一点想到，这样枝枝叶叶靠紧团结，力求上进的白杨树，宛然象征了今天在华北平原纵横决荡，用血写出新中国历史的那种精神和意志？

白杨树是不平凡的树，它在西北极普遍，不被人重视，就跟北方农民相似；它有极强的生命力，磨折不了，压迫不倒，也跟北方的农民相似。我赞美白杨树，就因为它不但象征了北方的农民，尤其象征了今天我们民族解放斗争中所不可缺的朴质、坚强，力求上进的精神。

1. 分析综合：结合材料一、二，说说你从中学到什么象征手法，运用象征有什么好处。

____

____

2. 阅读鉴赏：通过阅读与联想，说说白杨树象征着什么形象。

____

____

★阅读推荐★

动画短片：《回忆积木小屋》

（《回忆积木小屋》这部电影主要运用画面象征手法等。例如：电影开场出现一片汪洋，而小屋就像是这片汪洋中的一座孤岛，孤岛中囚禁着老人以及他的生活时光。）

【项目作业二】表达与交流

1. 抓住象征的要点，向同伴转述，并说一说你观看的电影中令你印象最深的画面。

____

____

____

2. 选择一种你记忆最深、易于表达的象征手法，写一句话。

____

____

【项目作业三】梳理与探究

1.利用多种渠道和方法，找出1-2处课文或电影中出现的象征手法。

2.画一幅你知道的花朵的简笔画，与同伴交流它象征着什么意义。

知识补给站

在生活中也存在象征手法，比如奥运五环、花语等。

奥运五环的颜色象征着以奥林匹克精神参赛的五大洲，也象征着这五大洲的团结。生活中接触最频繁的花也有属于自己的花语，例如：菊花花语为健康、高洁、真情；玫瑰花花语分颜色来看，红玫瑰是热情，白玫瑰是天真、纯洁……

参考答案

方寸世界的百科全书

【项目作业一】阅读与鉴赏

1.图中这位叔叔观察邮票的方法是不正确的，因为：

①拿取邮票时，要用邮票镊子，这位叔叔直接用手拿会弄脏票面。②空气湿度较大时，不宜整理欣赏邮票。图中是风雨天气，容易使邮票潮湿、发黄。③观赏完邮票应该及时放入邮册，以免被风吹走。

2.可以根据材料一提供的观察方法和材料二提供的鉴赏办法试着和家人一起鉴赏家里的邮票。

【项目作业二】表达与交流

1.能联系实际，交流众志成城、全民抗疫，医护人员救死扶伤、大爱无疆的崇高精神等关键词即可。

2.建议选择比较有代表性的画面或事物绘制成邮票，可以是单张，也可以是联票的形式。

"神画"故事

【项目作业一】阅读与鉴赏

1.相同点：朱仙镇木版年画与豫剧在造型上都是较为夸张的，舞台布景简洁，只用一台纺织机代表场景是在家里。不同点：朱仙镇木版年画人物"头大身小"，突出人物脸部英俊的特点。

2.①构图饱满，喜庆热闹。[√]

②色彩艳丽，线条粗犷。[√]

③画面精美，线条流畅。[ ]

3.图1是，因为图1线条粗犷，符合朱仙镇木版年画的特点。

【项目学习二】表达与交流

1.长坂坡赵子龙英勇救主的故事。寓意：用长坂坡的故事把中国礼义仁智信的传统文化传承下来。

2.从木版年画的艺术特色、制作工艺和寓意来介绍。

【项目作业三】梳理与探究

1.图4：大门；图5：厨房；图6：儿童房；图7：老人房。

2.第一步：起草雕版；第二步：调色；第三步：印画。

宋韵建盏

【项目作业一】阅读与鉴赏

1.文人雅士喜欢斗茶，斗茶成了人们修身养性、怡情悦志不可或缺的一种方式，茶在满足了人们的物质需求的同时更带给人们精神的享受。

2.我更喜欢鹧鸪斑盏。它的釉色就像是鹧鸪胸部遍布的白色圆点，就像一颗颗珍珠洒落在盏面上，独具风韵。

3.答案略。

【项目作业二】表达与交流

1.我更同意B同学的观点。建盏入窑一色而出窑万彩，烧出什么样的花纹非人力可为，正是因为这种不确定性，所以更显得建盏具有万里挑一的价值。

2.黑陶；建阳红土；铁；厚

【项目作业三】梳理与探究

1.③④②①

2.

名称	作用
韦鸿胪	烘焙茶饼
罗枢密	筛分茶粉
竺副帅	点茶击拂

人间瑰宝“青花瓷”

【项目作业一】阅读与鉴赏

1.图1是主纹，图2是辅纹。图1是盛开的牡丹花，是主体纹样。图2是由几个重复排列的小花边组成的，是辅纹的样式。

2.文段用诗意的语言分别描绘了牡丹图、仕女图和山水图，从图案内容、线条色彩、文本语言等角度进行赏析即可。

3. ②③①④⑤

【项目作业二】表达与交流

1.图2（缠枝灵芝）、图3（缠枝葫芦）、图4（缠枝莲）

缠枝寓意绵延不绝、生生不息。

牡丹寓意富贵吉祥；灵芝是美好、富贵和幸运的象征；葫芦谐音“福禄”，是长寿吉祥之意，也有子孙兴旺的意思；莲谐音“廉”，是清廉高洁之意。

2.能结合身边的事例或者名人事迹，写清楚自己对淡泊明志或坚忍不拔的品质的理解即可。

美景画中现

【项目作业一】阅读与鉴赏

1.材料一：介绍中国画的分类——山水画、花鸟画和人物画。材料二：介绍中国画的颜色——丹、青、黄、白、黑。

2.不同之处：描绘的画面主体不同。山水画以描绘山川自然景色为主；花鸟画以描绘花卉竹石、虫鱼鸟兽为主；人物画以描绘人物为主。

相同之处：不管是描绘人物、山川景色，还是描绘虫鱼鸟兽、花卉竹石，都表现出人与自然和谐融合的关系，具有一种艺术美。

3.答案略。

【项目作业二】表达与交流

1.按照顺序，分别是山水画、人物画、花鸟画。

2.描绘的是古代仕女吹奏乐曲的场景。描写时，抓住仕女姿态优雅、演奏游刃有余、神情专注的特点即可。

【项目作业三】梳理与探究

1.装裱后的画作重点突出，方正美观。

2.

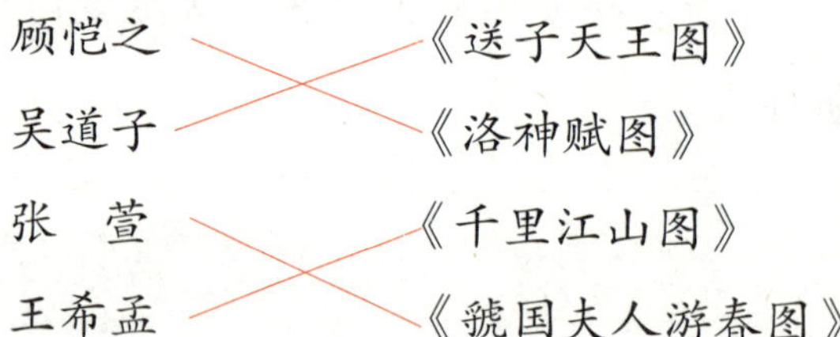

园林中的咫尺山林

【项目作业一】阅读与鉴赏

1.池山应该是在池塘、水池旁边；厅山应该是在厅堂前。

2.颔联的意思是：看到视野之中的景色，怀疑是在野外；幽僻之处，仿佛将要升起云雾。舅舅做的假山让杜甫有种以假乱真的感觉。

3.我想起了“福如东海，寿比南山”。因为这座假山就像真山一样，而且假山上“云雾缭绕”，看起来有一种祥瑞之气，所以诗人才会由假山联想到南山。

【项目作业二】表达与交流

1.我赞同这种说法。假山的堆叠，不仅是技术，更是一项艺术。因为假山的堆叠表现了设计者的创造与匠心，它需要一定的技术来完成，而且设计出来的假山，展现出来的更是一种艺术的美，也只有拥有艺术美的假山才能给人一种赏心悦目之感。（言之有理即可）

2.根据狮子林的游园示意图，先拟定好路线，再选取一处具体景观进行介绍。可以查找资料，了解它的建筑特色、历史故事等。例如九狮峰：现在我们看到的就是由太湖石堆砌而成的九狮峰。仔细看，你会发现九只形态不一的小狮子好像在玩耍、嬉戏。据说，当年乾隆下江南就到这狮子林来数过狮子呢！（言之有理即可）

热热闹闹的屋脊

【项目作业一】阅读与鉴赏

1.狻猊、龙、凤、狮子、骑凤仙人、海马、行什、斗牛、天马、狎鱼、獬豸。

2.①从色彩上看，黄色最为重要，也是皇家专用颜色，代表权力、力量和财富。②从建筑布局上看，屋脊兽出现的位置在脊梁上，房顶中间起高的部分，体现了等级制度。③从造型上看，每一个小兽的后背上都有自己独特的造型与图案。

【项目作业二】表达与交流

1.例如：选择骑凤仙人。相传，战国时齐宣王之子齐湣王即位后，动用所有兵力，肆意发动侵略战争，骄纵自大，导致内外树敌，最终引来五国联军的讨伐。眼看齐湣王走投无路之时，一只凤凰飞到他眼前。齐湣王飞身跨上凤凰背项，骑乘着它渡过大河，绝处逢生。所以，仙人骑凤也有“逢凶化吉”的寓意。

2.创编时注意发挥屋脊兽的不同本领。例如：狎鱼能兴云、能作雨，灭火防灾；斗牛最擅长吞云吐雾，可祈雨灭灾，保平安；行什可防雷，可镇火等。

【项目作业三】梳理与探究

1.老牛，勤劳，是踏踏实实的代表；狗，忠诚，是守护家园的卫士；乌鸦，孝顺，是照顾父母的典范。

2.答案略。

穿越时空的土楼

【项目作业一】阅读与鉴赏

1.从材料一的文字介绍可知，土楼主要的功用是抵御外敌，同时防止猛兽入侵。

2.①从外观来看，现代居民楼多为高楼，而土楼造型别致，布局讲究。②从规模来看，现代居民楼层数较多，而土楼民居的楼层低，层数较少，一般在四层左右。③从居住形式来看，现代居民楼的主要居住方式是散户居住，而土楼是以家族为单位聚居。

【项目作业二】表达与交流

1.土楼形制的演变和客家人居住与防御的需求密不可分。

五凤楼主次分明，其中后堂全部以夯土筑成，墙体非常厚。但它的缺陷十分明显，整体防御性不高。方形土楼结构更加规整，但方形土楼的局限性也较明显，棱角分明导致方形土楼的四角多，不易于防卫；采光与通风性较差，不利于族群居住。圆形土楼则是在方形土楼基础上进一步优化。它的房间结构、布局一律均等，削减了等级之分；同时圆形土楼的采光、通风和防御都优于方形土楼。

2.我的疑惑：圆形土楼的客家人都生活在同一层吗？

研究结论：他们不一定生活在同一层。客家人族群观念浓厚，统一把最底层作为厨房之用，第二层用作仓库，三层以上才是起居卧室。

【项目作业三】梳理与探究

1.①沿用土楼清晰的功能分区，将底层设为“餐饮区”，二层设为“运动区”或者“休闲区”，三层以上设为休息区。②丰富客房类型。在“围龙屋”基本造型的基础上，结合现代人的生活习惯进行改进，既设有家庭单元式的客房，又设有单人式的客房，满足不同旅客的需求。③将中间的露天公共区域改造为群体活动区域，结合当地民俗开展“客家土楼文化”活动。

2.答案略。

雅致的水墨画

【项目作业一】阅读与鉴赏

1.从材料一可知，马头墙最显著的特点是：墙头高于屋顶，造型呈现阶梯状；墙上有着精致的石雕；色调以“黑、白、灰”为主。主要作用是：①防御，能够在发生火灾时有效阻隔火势扩散；②装饰建筑，其素雅的色调与建筑群融为一体，素雅大方；③寄托家人美好的愿望。

2.（1）图5为鹊尾式马头墙。墙体随屋面坡度层层叠升，座头使用形似喜鹊尾巴造型的砖块砌成，雕刻精美，整体呈现灰黑色，与“白墙”相互映衬。

（2）图6为朝笏式马头墙。墙体用形似古代君臣朝会时用的板子做成的砖块，在垛头处反方向放置一块精细雕琢的瓦片，座头上翘的弧度夸张，寓意主人志存高远。色彩以深褐色为主，更显庄重。

【项目作业二】表达与交流

1.不同意。①徽派建筑群所在区域多为南方，南方四季如春，环境颜色丰富，民居建筑外墙无需更多色彩粉饰。夏季，繁花盛开、绿草悠悠，素雅的黑白灰建筑成为万物的背景，给人清新宜人之感。②南方雨水充足，不利于多种色彩的保存。③徽派建筑群所在区域大，光照更强，用白色更有利于反射阳光。

2.答案略。

【项目作业三】梳理与探究

1.图7——门楼上的砖雕　　图8——门墙上的石雕

图9——民宅内的木雕

2.答案略。

跌落凡尘的“天上虹”

【项目作业一】阅读与鉴赏

1.发大水的时候，河水可以从四个小桥洞流过，减轻了洪水对桥的压力，使桥不容易被大水冲毁。

2.借助龙的威严来保护桥梁不被天灾人祸毁坏，保佑过桥行人的平安。还出现了农作物禾叶、粮食容器斗子，寓意“五谷丰登”；竹节、莲花、银锭（元宝），寓意“求福免灾”“平安吉祥”。

3.（1）将古桥列入文物保护名单，并设置专门的人员来看护；（2）及时清理桥身的杂草和灌木，做好日常修缮维护。（言之有理即可）

【项目作业二】表达与交流

1.我还知道绵阳安县睢水镇的“踩桥会”，当地流传老人踩桥，能够益寿延年；年轻人踩桥，祈盼着“有缘千里来相会”。已有200多年历史的睢水

“踩桥会”已成为四川西北最具影响力的民俗活动了。（答案不唯一）

2.各位游客朋友们，大家好！北京有句歇后语：“卢沟桥的狮子——数不清。”这座狮子多得数不清的桥，始建于1189年。这是一座联拱石桥，总长约266米，有281根望柱，每个柱子上都雕着狮子。要不仔细数，真是数不清呢。

这些狮子有大有小，大的有几十厘米高，小的只有几厘米，甚至连鼻子眼睛都看不清。它们的形状各不相同，有的蹲坐在石柱上，好像朝着远方长吼；有的低着头，好像专心听桥下的流水声；有的小狮子偎依在母狮子的怀里，好像正在熟睡；有的小狮子藏在大狮子的身后，好像在做有趣的游戏；还有的小狮子大概太淘气了，被大狮子用爪子按在地上……（言之有理即可）

建筑中的“绿色音符”

【项目作业一】阅读与鉴赏

1.节能环保技术的应用大大减少了资源、能源的消耗，和现在倡导的绿色低碳生活有着紧密的关联。也正是这样的城市，才能让人们的生活愈加美好，才能有更加长久的发展。

2.“东方之冠”美在外形，它像一顶巨大的冠帽，运用了中国传统建筑文化元素，寓意“东方之冠，鼎盛中华”；还美在颜色，以大红色为主要基调，红色在中华传统文化中代表喜庆，红色也寓意像火一样顽强的生命力，也象征着中华民族的顽强精神。（言之有理即可）

3.（1）太阳能热水器；（2）门窗双层或多层玻璃，可以保暖隔热，减少空调的使用。（答案不唯一）

【项目作业二】表达与交流

1.我认为应该选择节能环保的建材。第一，节能环保建材虽然材料更贵一些，但是从长期来看，它更节能，反而还更省钱，如太阳能热水器；第二，环保建材更健康，对家人身体也更好。（言之有理即可）

2.中国馆名为“华夏之光”，以“构建人类命运共同体——创新与机遇”为主题。它的外形采用中国灯笼造型，科技感十足，又富有浓厚的中华传统文化韵味。它象征团圆、光明，寓意欢聚、沟通，将中国传统元素与现代建

筑理念、现代科技巧妙结合。远远望去，如同一盏华贵的灯笼。（言之有理即可）

幽幽茶香

【项目作业一】阅读与鉴赏

1.诗人心情快乐，如在蓬莱仙境。

2.茶艺需要讲究：一要好茶；二要注意采摘时间；三要精良制作；四要择水；五要择器；六是论制。茶道中蕴含着清廉、中庸、喜乐的精神。

【项目作业二】表达与交流

1.序号：⑧②③⑦⑤⑥④①

2.这四个字谜是“请坐，奉茶”。

【项目作业三】梳理与探究

1.

鞠躬礼	将手弯曲，用几个指头轻叩桌面，以示谢忱。
伸掌礼	这是品茗过程中使用频率最高的礼节，表示“请”与“谢谢”。
叩指礼	用手提壶把，高冲低斟反复三次，寓意向来宾鞠躬三次，以示欢迎。
寓意礼	左手必须按顺时针方向，类似于招呼手势，寓意“来、来、来”，表示欢迎。反之则变成暗示挥斥“去、去、去”了。

2.答案略。

把酒言欢

【项目作业一】阅读与鉴赏

1.D

2.古人行酒令的方式有：曲水流觞、飞花令。曲水流觞：溪水传杯的游戏，将斟满美酒的杯子依次轻轻地放入河中，让酒樽顺着水势漂流而下，漂至谁的面前，谁就要将杯中的酒一饮而尽，然后立马赋诗一首，若是无诗可作，便要自罚三杯。飞花令：最基本的飞花令诗句中必须含有“花”字，而且对“花”字出现的位置同样有着严格的要求。这些诗可背诵前人诗句，也可现场吟作。行令人一个接一个，当作不出诗、背不出诗或作错、背错时，由酒令官命其喝酒。

【项目作业二】表达与交流

1.①诗令：诗中需含有“酒”字，行令人一个接一个，当说不出诗句时，由酒令官给他一定惩罚，如真心话或大冒险。②四字令：四字成语中含有“酒”字，行令人一个接一个，当说不出成语时，由酒令官给他一定惩罚，如真心话或大冒险。

2.答案略。

【项目作业三】梳理与探究

1.

“拦门凳上酒歌盅，一盏扶来也倒松。”

“驱车百余里，本家新添丁
谁差一杯酒，往来场面呜。”

“一生大笑能几回，斗酒相逢须醉倒。”

“劝君更尽一杯酒，西出阳关无故人。”

饯行酒

接风酒

添丁酒

拦门酒

2.例如：

我的家乡	当地酒俗	特色
福建福州	出阁酒	闺女出嫁的前一天，女方父母在家设宴招待宾客，一方面告知女儿要出嫁了，另一方面大家欢聚一堂热闹一下。

纸寿千年——东巴纸

【项目作业一】阅读与鉴赏

1.东巴纸的特点有：（1）不怕风吹日晒，不怕虫咬雨淋，纸张历久弥坚，字迹不会褪色。（2）最古老、最原始的手工造纸。（3）厚实，耐磨，较光滑，呈象牙色。（4）可双面书写。

2.我喜欢第一种表达方式，这是记叙文，用优美的语言着重描写了东巴纸的由来，写出了非遗文化传承的艰辛，突出了非遗传承人和圣文坚强的意志和独立不羁的才智。

我喜欢第二种表达方式，这是一篇说明文，这部分内容以第一人称的形式介绍了东巴纸的历史、材料、制作工艺等，简洁、明了、直观。

【项目作业二】表达与交流

1.例如：

屏幕前的朋友们，大家好！我是今天的主播丽丽。众所周知，造纸术是我国的四大发明之一。据说东巴纸是世界上最贵的纸，因为它有着“纸寿千年”的说法。今天就让我带着大家一起走近神秘的造纸术。先将20–30克纸浆兑水2–3升，用搅拌器将纸浆打散，像我这样左手一个圈一个圈地划动，就可以把纸浆和得很均匀了。再加入适量造纸胶，增加纸浆活性，又一次搅拌均匀。接着取出造纸框进行抄纸。然后将造纸框放入接水盘，根据自己的喜好放入干花和亮片，你可以像我这样做一个可爱的卡通形状，当然如果你想把它送给妈妈，你也可以做一个唯美的造型。最后用勺子舀适量的纸浆轻轻浇到花草上固定，撒上亮片装饰，滴入适量色素，将做好的纸放到通风、有阳光的地方晾晒，一张漂亮的纸就完成啦！你学会了吗？

2.答案略。

【项目作业三】梳理与探究

1.东巴纸制作过程

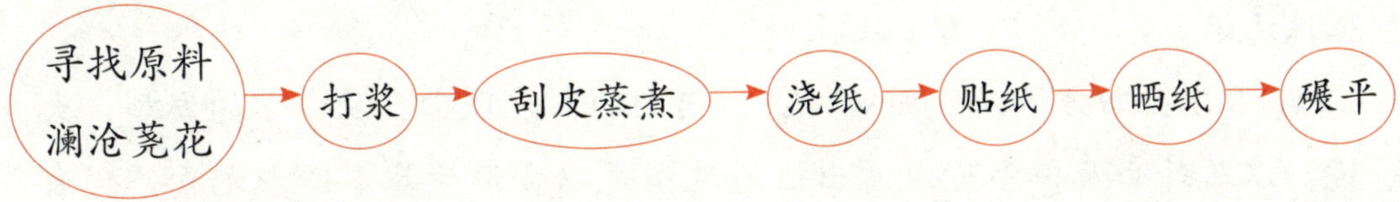

2.答案略。

流传千古的美味——东坡肉

【项目作业一】阅读与鉴赏

1.“东坡鱼”“东坡肘子”“东坡羹”“东坡豆腐”

2.单说卖相，四四方方一块，勾勒红艳的糖色，捆着十字形稻草，置于小巧的陶罐或白瓷罐里，一客一例。端上来感觉不是一道扎实的“硬菜”，倒像一份精致的点心，一看就是风雅之士的手笔。

猪肉是再普通不过的食材，但只要用合适的方法烹制，就能做出美味的东坡肉。苏轼的诗词中虽然很少使用生僻且华丽的词语，但是他的诗词读起来却有壮丽浓烈、醇厚脱俗之感，故说东坡肉和他的诗文风格颇有相通之处。

【项目作业二】表达与交流

1.答案略。

2.例如：品北宋文化，尝千年古味。东坡肉由上好猪肉，配以酱油、冰糖，用古法熬制而成。其颜色红润，味道鲜香，咬上一口，即可尝到肉的醇厚之感。历史的厚重，生活的烟火气，尽入嘴中。

走进动画艺术“审美圈”

【项目作业一】阅读与鉴赏

1.根据剧情和角色性格特征，首先将各角色造型概括为简单的几何形态的组合，形成角色整体外形的设计。例如：卡尔是一个方形，艾莉是个椭圆。其次，每个角色身上的细节的处理也与角色外形的几何图形一一对应。最后将几何造型的对比准确有效地映射到各角色性格的对比中，形成不同角色的象征性认识。

2.①卡尔：四方端正、固守过去、内向的人。理由：从卡尔的发型、大方眼镜，以及外套及裤型可以看出他的造型是以方形为基本图形元素，代表固守过去、执拗和坚持。

②罗素：可爱、活泼、憧憬未来的人。理由：圆圆的身形，圆形的小号、圆形的水壶和圆形的徽章……浑身上下都是圆形特征，孩童的可爱、活泼尽显，圆圆的眼睛里蕴含着对未知世界的憧憬与期待。

3.将选用圆形的头与倒三角相结合的几何图形塑造海力布的形象。海力布是一名善良、热心帮助他人的人，同时也是一名勇敢的猎人，所以圆角相离，昂首挺胸，有光明正大的感觉。既有圆的特质，又蕴含方的寓意。身体以方形为主体，手中再握一把长三角形的猎枪，四方的发际线，代表憨厚。圆形的鼻子、紧缩的眉头、上扬的眉毛把眼睛部分挤压形成方形，大而白的眼眶、或方或圆的躯干、下弯的嘴角、深刻的正三角形法令纹，更显得捕猎经验丰富。身上佩戴圆状水壶，头戴圆形草帽，圆形几何展现其柔和、善良的性格特征。

【项目作业二】表达与交流

1.

主要人物	卡尔、罗素、小狗道格、沙锥鸟凯文、查尔斯·蒙兹
目标	前往仙境瀑布
困难	带着与艾莉拥有共同回忆的房子
过程	卡尔打了许多气球，屋子随着气球一起升上天空，出发了
结果	卡尔带着气球屋成功来到仙境瀑布
意外	遇到了昔日偶像查尔斯·蒙兹，但惨遭他的追杀
转折	卡尔与罗素通过自己的努力打败了蒙兹，并将自己那个用五彩气球拴着的屋子留在了仙境瀑布的边上
结局	老屋飞到了仙境瀑布，卡尔实现了梦想，看到了艾莉给他留下的日记，希望卡尔能开始属于自己的“冒险”

2.①卡尔决定带着饱含与妻子回忆的房子去南美寻找“仙境瀑布”。在途中遇到爱探险的孩子罗素、会飞的大鸟凯文和小狗道格，并开启了他们的南美探险之旅。探险充满了坎坷，但有乐观热情的罗素陪伴，卡尔重拾了对生活的希望，并实现了自己与妻子的梦想。影片中卡尔老人追求梦想的执着让人们体会到了现实生活的真谛。

②卡尔从现代化的大都市逃离到人迹罕至的仙境瀑布，用他的实践证明着一个道理——有梦想就应该勇敢地去实现它，不要被眼前的困境所困扰，平庸地度过一生。卡尔的故事告诉我们，梦想的实现与年龄无关，如果你有梦想就应该义无反顾地去努力实现。

蒙太奇的组合与创造

【项目作业一】阅读与鉴赏

1.运用交叉蒙太奇能突出激烈紧张的氛围，给读者、观众制造一定的悬念，引起读者的兴趣，使故事情节扣人心弦。

2.材料二运用了重复蒙太奇的手法，这一手法不仅能起到提醒、强调、回忆的作用，还能突出思想，强调作者的感情，加强画面的节奏感。

【项目作业二】表达与交流

1.答案略。

2.重复蒙太奇手法。例如：理想是土壤，带给植物生长的希望；理想是鱼鳍，带我们遨游知识的海洋；理想是翅膀，带我们飞越高高的山岗。脚踏实地，胸怀理想，仰望星空，让理想之花绽放无限光芒。

【项目作业三】梳理与探究

1.答案略。

2.C

意蕴深远的象征艺术

【项目作业一】阅读与鉴赏

1.通过阅读，我学会人物象征的手法。运用象征的好处是可以把抽象的事件转化为具体的形象；还可以使文章更含蓄、富有意境美；通过其他形象的运用，寄托作者的思想感情。

2.白杨树象征着勤苦的北方农民、傲然挺立的哨兵，赞美了在中国共产党的领导下坚持抗战的北方军民团结一致、英勇不屈的精神。

【项目作业二】表达与交流

1.答案略。

2.例如：咬定青山不放松，立根原在破岩中。（《竹石》）

【项目作业三】梳理与探究

1.课文《落花生》中的花生象征着默默无闻、甘于奉献的人。

2.例如：兰花象征着淡泊、高雅、美好、高洁的品质。